Orações a São José por Proteção

Escrito Por Saul Cruz

Este livro é dedicado com reverência à Virgem Maria, nossa querida Mãe celestial. Através do seu coração compassivo, buscamos a sua intercessão para consagrar tanto este livro quanto aqueles que procuram consolo em suas páginas. Que sua assistência maternal amplifique as orações protetoras a São José contidas aqui, conduzindo todos ao abraço compassivo de seu Filho, Jesus Cristo. Amém.

Orações a São José por Proteção

Direitos Autorais 2023. Motmot.org

Todos os direitos reservados. Nenhuma parte deste livro pode ser reproduzida ou usada de qualquer maneira sem a prévia autorização por escrito do detentor dos direitos autorais, exceto pelo uso de breves citações.

Para solicitar permissão, entre em contato com a editora visitando o site: motmot.org.

Este livro pertence a...

Obrigado!

Prezado Leitor,

Estendo minha mais sincera gratidão por acolher "Orações a São José para Proteção" em sua vida. Seu encorajamento é uma fonte profunda de motivação e é meu sincero desejo que essas orações ressoem com e elevem seu espírito.

Estou empolgado para informar que, ao escanear o código QR abaixo, você obterá acesso exclusivo à versão em áudio das orações apresentadas neste livro. Esta adição especial permite que você se envolva na sagrada recitação enquanto está em movimento, durante a tranquila contemplação, ou em momentos em busca de consolo.

Além disso, o código QR o apresentará a uma variedade de materiais cuidadosamente selecionados com o objetivo de enriquecer sua jornada de fé.

Mais uma vez, agradeço pela sua companhia neste caminho. Que a sabedoria e a compaixão de São José iluminem seu percurso, infundindo sua vida com serenidade, devoção e o toque terno do divino.

Index

Uma Nota do Autor 10

São José 12

Orações Intercessórias 18

Salvaguarda no Silêncio de São José 22

O Escudo do Carpinteiro 24

Sob a Proteção do Guardião 26

Manto de Fortaleza de José 28

Serenidade à Sombra do Pai 30

Padroeiro das Famílias, Protegei-nos 32

O Olhar Vigilante do Guardião 34

Uma Oração Sob a Oliveira 36

Sagrado Guardião, Divino Protetor 38

Nos Firmes Passos de José 40

Lâmpada para o Nosso Caminho, José 42

O Refúgio do Coração Casto 44

Sussurro das Mãos do Operário 46

Fiel Administrador da Sagrada Família 48

Pastor do Coração Vulnerável 50

O Abraço Firme do Pai Adotivo 52

Sentinela dos Santos Inocentes 54

Orientação nos Desafios Terrenos 56

Guardião dos Sonhos, Guia-nos 58

Abraçando a Quieta Força de José 60

Companheiro de Peregrinação no Caminho 62

A Oração Protetora do Homem Justo 64
Sob o Patrocínio da Justiça 66
Refúgio de Segurança, Cuidado de José 68
Legado do Protetor Fiel 70

Novenário 76
Introdução 77
Primeiro Dia 80
Segundo Dia 82
Terceiro Dia 84
Quarto Dia 86
Quinto Dia 88
Sexto Dia 90
Sétimo Dia 92
Oitavo Dia 94
Nono Dia 96

Uma Nota do Autor

Prezado Leitor,

Enquanto escrevo esta nota, reflito sobre a notável jornada de fé que deu origem às páginas que você tem em mãos. "Orações a São José para Proteção" é mais do que uma compilação de orações; é um convite para caminhar em companhia espiritual com um homem que, em sua profunda humildade e força silenciosa, cativou meu coração e o coração de incontáveis cristãos ao longo dos tempos. Este livro é fruto da minha contemplação sobre a vida de São José—suas virtudes, seu papel como protetor da Sagrada Família e seu exemplo duradouro como guardião em tempos de perigo.

São José, o padroeiro da Igreja Universal, há muito é reconhecido como protetor dos necessitados. Sua ação rápida em salvaguardar a Bem-Aventurada Virgem Maria e o Menino Jesus do perigo, sua fé inabalável enquanto sustentava sua família através da incerteza e sua perseverança silenciosa como guardião, nos fornecem um modelo para permanecer firmes em nossos próprios julgamentos.

Nas águas tempestuosas da vida contemporânea, onde os perigos parecem incontáveis e as vozes do desespero às vezes afogam os sussurros da esperança, São José se destaca como um farol de luz—um exemplo de proteção divina. Pessoalmente encontrei consolo nas orações contidas nestas páginas durante meus próprios períodos de turbulência e medo. Recorri a São José em momentos de vulnerabilidade e senti a fortaleza de sua presença, o poder de sua intercessão perante o trono de Deus.

Esta coleção de 25 orações, incluindo uma novena profundamente meditativa, é uma súplica sincera pela intercessão de São José. É minha crença sincera que, ao entrar regularmente em oração com São José, você também virá a experimentar a profunda paz e proteção que ele oferece. Assim como ele cuidou de Jesus e Maria, ele pode cuidar de nós, proteger nossas famílias e nos guiar através dos julgamentos da vida.

As orações neste livro são destinadas a todos—seja você um guerreiro experiente da fé ou alguém que luta com a crença. Que elas sirvam como sua armadura espiritual e seu santuário. Cada uma é uma oportunidade de se aproximar mais de São José, de compreender sua pureza de coração, sua força no silêncio e seu amor corajoso. Sua vida foi um testemunho da força que reside na obediência a Deus, e sua proteção agora é nossa para pedir.

Enquanto você percorre estas orações, saiba que não faz isso sozinho. São José, o santo silencioso, ouve e responde. Cada oração é um passo dado com ele ao seu lado, cada palavra uma fortaleza construída com sua orientação. Refugiemo-nos em seu abraço protetor e busquemos seu patrocínio com confiança, pois ele é verdadeiramente um padroeiro para os nossos tempos.

Como autor deste auxílio espiritual, sou humildemente grato por desempenhar um papel em preencher o espaço entre o seu coração e o coração protetor de São José. Que as orações aqui contidas enriqueçam sua vida, proporcionem conforto em tempos de angústia e reforcem sua confiança na providência de Deus.

Com meus mais calorosos cumprimentos e orações pela sua proteção e bem-estar,

Saul Cruz

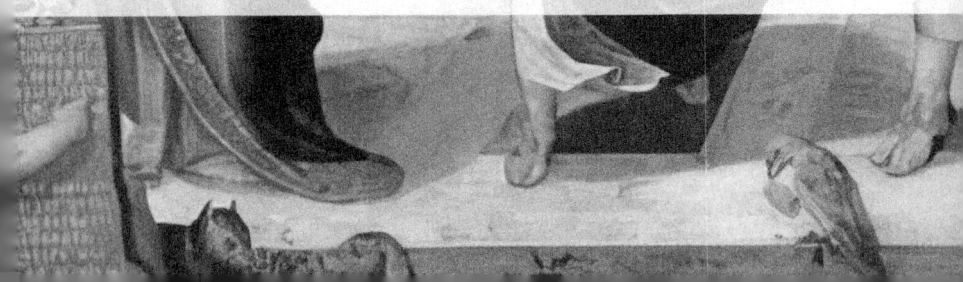

São José

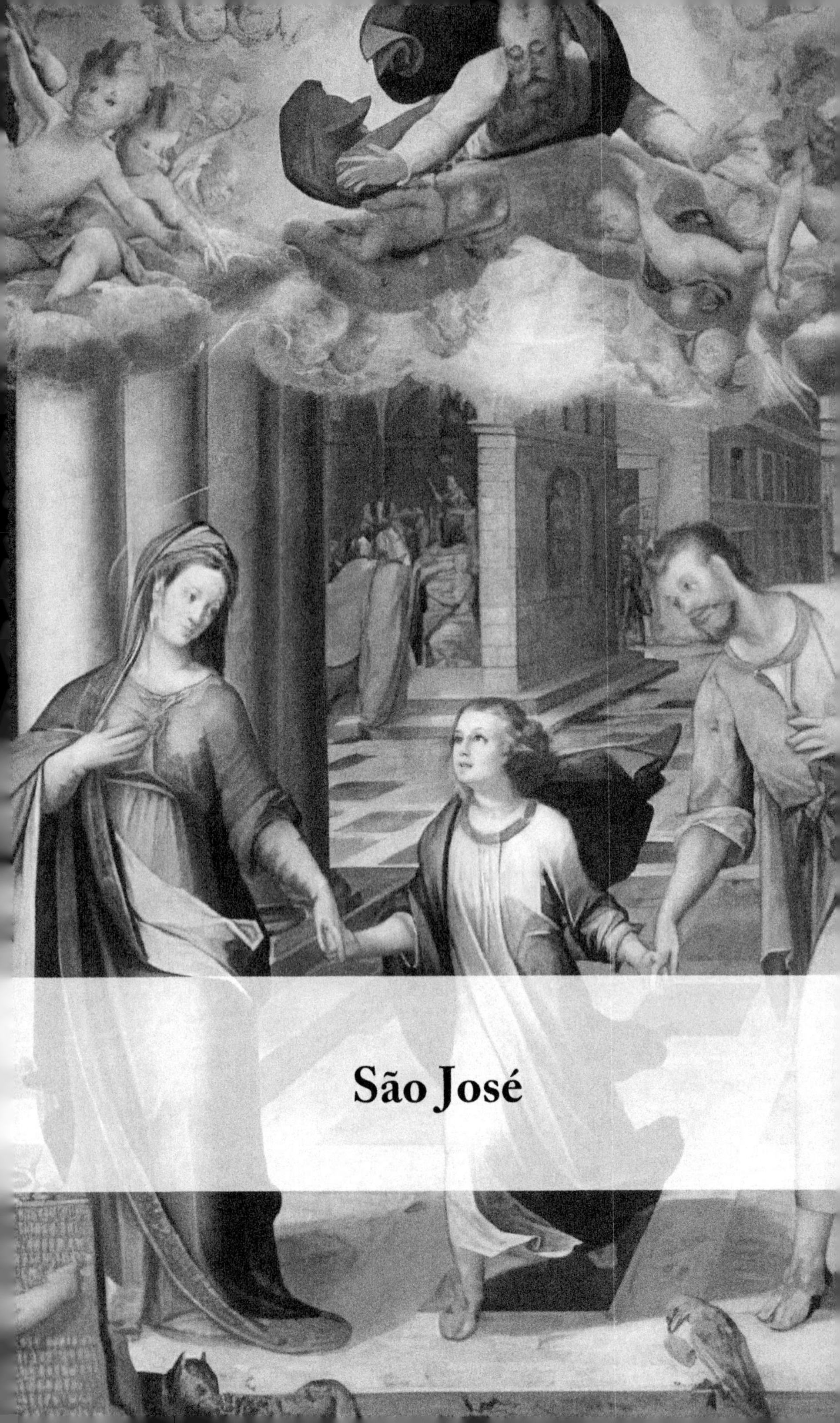

No tecido do tempo, existiu um homem chamado José, um humilde carpinteiro da cidade de Nazaré, entrelaçado pela providência na narrativa eterna da salvação. Sua vida, um silencioso soneto de obediência e confiança, guarda um santuário especial nos corações dos fiéis. José era filho de Davi, o rei pastor, cuja linhagem carregava promessas que pulsavam com o batimento do coração da esperança judaica. No entanto, apesar de sua nobre herança, a vida de José foi de modéstia e trabalho, suas mãos habilidosas na arte de trabalhar a madeira, seu espírito sintonizado com os sussurros do Divino.

Noivo de uma donzela chamada Maria, o mundo de José foi virado de cabeça para baixo quando ela foi encontrada grávida pelo Espírito Santo. Em momentos de quieto tumulto, ele contemplou uma separação discreta, para preservar a honra dela. Contudo, no reino dos sonhos, que nos tempos antigos eram vistos como telas para mensagens divinas, um anjo do Senhor apareceu a José, confiando-lhe a verdade da concepção e exortando-o a tomar Maria como sua esposa. Neste sonho, o anjo revelou o nome da criança – Jesus, e seu destino de salvar seu povo de seus pecados.

Com a fé como sua bússola, José abraçou seu chamado para a guarda, tornando-se o pai terreno do Filho de Deus. Sua vida já não era mais sua, mas se tornou um testemunho de amor sacrificial e fidelidade inabalável. Maria e a criança dentro dela, a nascente luz do mundo, agora estavam sob seu silencioso e vigilante cuidado.

Foi em Belém que a criança nasceu, cumprindo as antigas profecias, entre pastores e anjos cantantes. Contudo, com a alegria do nascimento veio a sombra da morte, pois Herodes procurou o novo Rei. Mais uma vez, em um sonho, os céus alcançaram José, guiando-o a levar o infante Jesus e sua mãe ao Egito, e assim, sob o véu da noite, eles fugiram, com o coração de José sendo santuário e escudo.

Os anos passaram, e José, o vigilante protetor, conduziu sua família de volta a Nazaré após a morte de Herodes. Lá, na obscuridade de uma pequena aldeia, ele criou Jesus, ensinando-lhe o ofício de carpintaria e as tradições de seu povo. Eles compartilharam a simplicidade da vida rural, o fluxo e refluxo das estações, o ritmo sagrado das festas e sábados.

O legado de José, embora não aclamado pelo mundo, é cantado pela Igreja, pois ele foi um homem que caminhou na virtude, a própria incorporação da castidade, trabalhando em silêncio para que a Palavra pudesse ser ouvida. Em sua tutela, ele modelou devoção, em seu trabalho, a dignidade do labor, e em sua morte, a tranquila esperança dos fiéis, com Jesus e Maria ao seu lado.

A vida de São José, o pai adotivo de Jesus, não é apenas um conto do passado. É uma invocação perpétua, um apelo por proteção neste vale de lágrimas. Fala da força silenciosa encontrada na obediência divina, da coragem que guia o coração assustado através dos sonhos da noite para o amanhecer da promessa de Deus.

Portanto, em nossa própria jornada, olhemos para São José, que, embora sem palavras na Escritura, fala volumes através de sua firmeza. Que aqueles que buscam consolo encontrem nele um protetor, e em seu exemplo, um caminho iluminado pelo coração puro de um pai que acalentou a Redenção em seus braços.

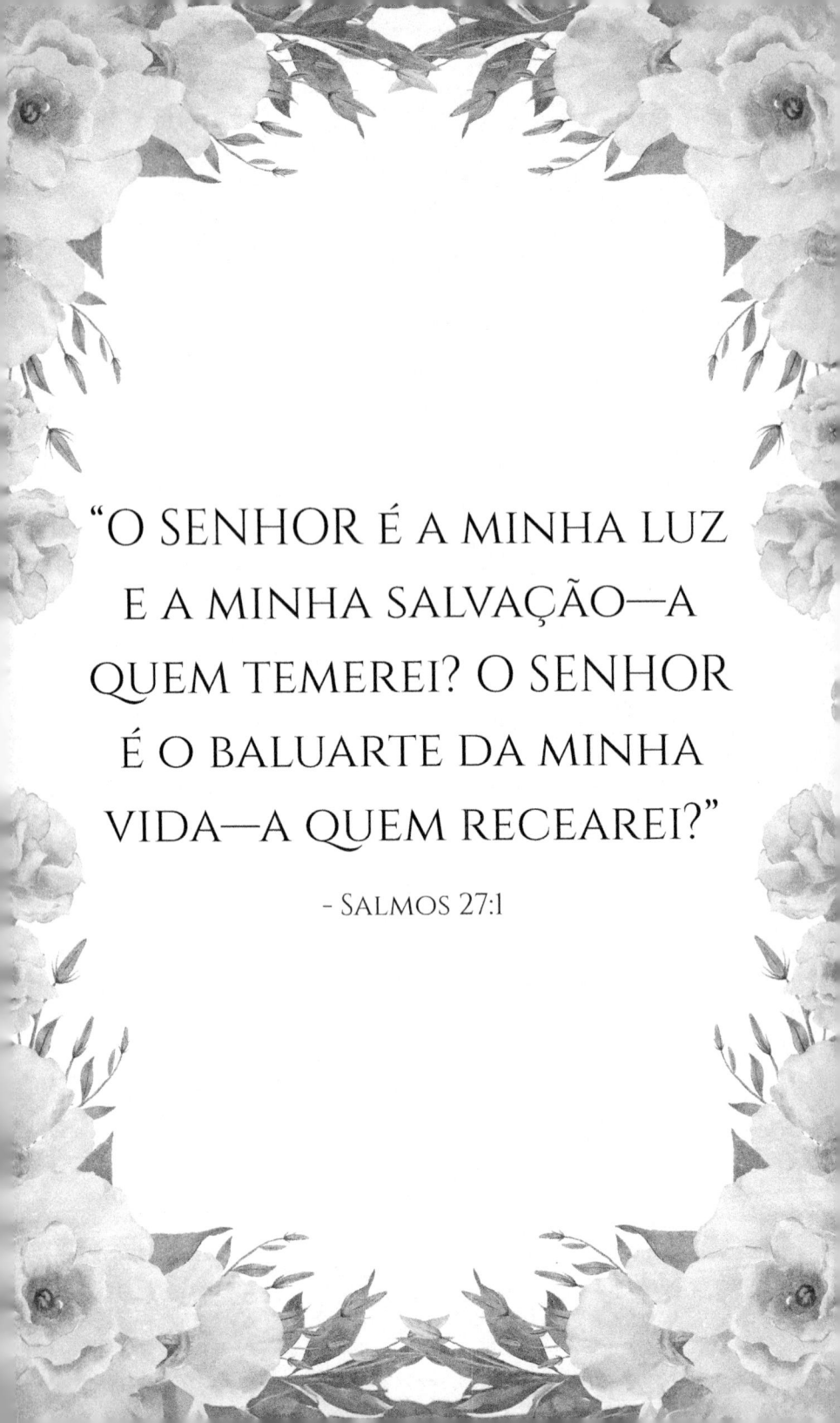

"O SENHOR É A MINHA LUZ E A MINHA SALVAÇÃO—A QUEM TEMEREI? O SENHOR É O BALUARTE DA MINHA VIDA—A QUEM RECEAREI?"

- Salmos 27:1

Orações Intercessórias

Em momentos de angústia ou perigo, em tempos em que as sombras se alongam e nosso caminho parece cheio de percalços, instintivamente procuramos por um escudo, por alguém para guardar-nos enquanto navegamos pelas incertezas da vida. No coração da tradição cristã, encontramos tal sentinela em São José, o silencioso e firme protetor da Sagrada Família, que agora estende sua proteção paternal a todos nós.

"Orações a São José pela Proteção" é um convite para o poder tranquilo da intercessão de São José. À medida que você percorre estas 25 orações, cada uma torna-se um degrau que nos leva mais perto da serena força do humilde carpinteiro que foi escolhido por Deus para cuidar de Seus maiores tesouros, Maria e Jesus.

Através destas orações intercessórias, não meramente recitamos palavras antigas, mas evocamos o espírito robusto de um homem que enfrentou o medo com fé, que converteu a incerteza em convicção e que nos oferece um modelo de tutela tanto gentil quanto resoluto. Em cada linha, em cada petição, não estamos apenas pedindo a proteção de São José, mas alinhando-nos com seu exemplo virtuoso, para que também possamos incorporar a coragem tranquila e a profunda força que definiram sua vida.

Que esta coletânea de orações seja sua companheira em tempos de necessidade, guiando-o até o abraço protetor de São José, e instilando em seu coração a paz que vem de ser observado por um guardião poderoso, embora terno.

Obrigado Senhor por...

São José, interceda por mim em...

Interceda pelos meus entes queridos...

Minha Oração Pessoal

Salvaguarda no Silêncio de São José

Ó Glorioso São José, casto guardião da Virgem e pai adotivo de nosso Salvador, ouve a minha oração enquanto busco a tua intercessão na solidão que abraçaste com tanta graça. No teu silêncio, encontraste força; na tua reflexão, direção divina; na tua obediência, a realização da vontade de Deus. Que eu possa seguir teu exemplo exemplar enquanto navego as complexidades da minha jornada. Tuas ações, nobre protetor, falam volumes da virtude contida na contemplação silenciosa. Assim como acolheste Maria na tua vida sem questionar, confiando na palavra que te foi entregue por um anjo em teus sonhos, concede-me a coragem de ouvir os sussurros do Espírito Santo em meio ao clamor da minha vida diária. Ensina-me a reconhecer a voz de Deus e a agir com resolução firme, como o fizeste.

Na pausa reflexiva dos meus dias, em meio ao ruído que me envolve, permite que eu encontre o espaço para discernir meu caminho. São José, entendeste que no abraço tranquilo da presença de Deus, a alma encontra clareza. Guia-me a valorizar cada momento de quietude, onde o coração conversa com o Senhor e as decisões nascem do silêncio orante, não da pressa.

É no silêncio da oração que recebeste o plano de Deus para ti, um plano que requeria confiança inabalável e submissão. Assumiste as responsabilidades que te foram impostas sem vacilar, abraçando cada uma com humildade e amor. São José, inspira em mim um coração que se rende ao comando de Deus, para que, em minhas próprias decisões, eu possa conformar-me à Sua santa vontade com o mesmo espírito de obediência que demonstraste.

No silêncio que habitaste de forma tão bela, concede-me um

resguardo contra as distrações que desviam meus pensamentos de Deus. Que tua vigília silenciosa seja um bastião para minha alma, defendendo-me das tentações que ameaçam perturbar a paz de uma vida vivida na graça de Deus. Deixa que tua forte quietude seja meu guia, ensinando-me a encontrar serenidade e força no silêncio da contemplação divina.

São José, eu recorro a ti em oração confiante, pedindo que intercedas por minhas necessidades e me guies pelos caminhos da reflexão silenciosa e obediência. Assim como permaneceste firme na quietude do plano de Deus, que eu também possa me manter resoluto nos desafios silenciosos que enfrento. Que o legado do teu silêncio continue a ecoar nos corações dos fiéis, como lembrança do poder encontrado no suave sussurro do chamado de Deus.

Amém.

O Escudo do Carpinteiro

Ó São José, terno e forte protetor da Sagrada Família, que um dia empunhou as ferramentas de carpinteiro para prover e criar, ouça nossa sincera súplica. Como o carpinteiro molda a madeira, ajude-nos a modelar nossas vidas com virtude e graça. Com sua mão firme a nos guiar, que possamos construir uma fundação de fé que seja inabalável e verdadeira. Ó Guardião do Redentor, confiado com o cuidado de nosso Senhor Jesus, assim como o protegeu com diligência e amor, também buscamos a sua proteção. Como o carpinteiro mede com precisão, ajude-nos a avaliar nossas ações com sabedoria e cuidado, para que possamos agir com justiça, amar a misericórdia e caminhar humildemente com nosso Deus.

Ó Esposo Fiel da Bem-aventurada Virgem Maria, seu coração foi um santuário de devoção e confiança. Como o carpinteiro une peças com habilidade, ajude-nos a unir nossos corações ao seu em lealdade inabalável à nossa Rainha celestial. Que possamos honrar seu Imaculado Coração como você fez, com amor puro e altruísta.

Ó humilde José, que trabalhou sem buscar glória, sempre silencioso em sua profunda fé. Como o carpinteiro lixa as asperezas, ajude-nos a suavizar as imperfeições de nossas almas com a graça da humildade. Que possamos abraçar o trabalho silencioso de santificação, seguindo o seu exemplo silencioso.

Ó Vigilante Defensor de Cristo, em todos os perigos e necessidades, trouxe segurança ao Menino e à Sua mãe. Como o carpinteiro fortifica uma casa contra a tempestade, ajude-nos a reforçar nosso espírito contra os ventos da adversidade. Que seu cuidado vigilante nos proteja dos males que buscam enfraquecer nossa resolução.

Ó Padroeiro Bendito da Igreja Universal, sob sua proteção, o corpo de Cristo se mantém firme. Como o carpinteiro assegura a durabilidade de uma estrutura, ajude-nos a sustentar nossa fé através das provações e tribulações. Que a Igreja seja sempre resiliente sob seu olhar vigilante, um testemunho do poder duradouro do amor de Cristo.

Ó Modelo dos Trabalhadores, em seu artesanato, glorificou o trabalho dado ao homem. Como o carpinteiro se orgulha de sua obra, ajude-nos a desempenhar nossas tarefas com integridade e orgulho em servir a Deus através de nosso trabalho. Que possamos ver a dignidade do trabalho e emular seu exemplo em nossos empreendimentos diários.

Ó São José, através da madeira da manjedoura que acolheu nosso Salvador até a madeira da cruz que nos salvou, sua vida foi um testemunho de serviço altruísta. Como o carpinteiro usa madeira para criar e sustentar, que suas orações nos ajudem a criar vidas significativas e a apoiar os outros em suas necessidades.

Ó Pilar das Famílias, sob seu cuidado e intercessão constantes, rezamos pela proteção e orientação que você tão amorosamente forneceu à Sagrada Família. Como o carpinteiro cria uma estrutura robusta, ajude-nos a ser firmes em nosso amor e dedicação às nossas próprias famílias, refletindo sempre o amor da Sagrada Família.

Ó Consolador dos Aflitos, seu coração conheceu a pressão de tempos incertos e o peso de responsabilidades graves. Como o carpinteiro que garante que sua edificação possa resistir a todas as condições, seja nossa força estabilizadora quando os desafios da vida procuram nos desanimar.

Imploramos, Ó São José, para que interceda por nós em todas as nossas necessidades, para que, seguindo o seu exemplo, possamos viver vidas de santidade e encontrar refúgio em sua forte e paternal intercessão. Amém.

Sob a Proteção do Guardião

Ó São José, terno guardião do Santo Menino, sua força silenciosa e fidelidade inabalável providenciaram um manto de proteção para a abençoada Virgem e seu filho adotivo, Jesus. Voltamo-nos a você agora, buscando sua intercessão, para que também possamos fomentar um santuário de paz e amor em nossas próprias vidas. Na quietude de seu trabalho, São José, você ensinou ao jovem Messias as virtudes da diligência e a honra em prover para a sua família. Guie-nos em nosso labor, para que possamos encontrar dignidade e propósito, e contribuir humildemente para o bem-estar daqueles confiados ao nosso cuidado.

Sua vida, uma testemunha silenciosa de sublime devoção, demonstra o profundo impacto de viver com intenção e graça. Inspire-nos a fazer de nossos lares refúgios de hospitalidade, onde os cansados possam encontrar descanso, e os perdidos possam tropeçar em uma luz que os guie para o calor e o conforto.

Pai adotivo do Filho de Deus, em seu abraço protetor, Jesus cresceu em sabedoria e estatura. Ajude-nos a nutrir o crescimento de nossas próprias almas, a cuidar de nossos jardins espirituais com amor, para que possam florescer com os frutos do Espírito para o mundo compartilhar.

Espelhando sua vigilância, São José, ajude-nos a guardar nossos corações das corrosões da indiferença e do medo. Que possamos, em vez disso, cultivar compaixão, compreensão e uma disposição sincera para agir por justiça, permanecendo altivos como faróis de esperança em nossas comunidades.

Como você, que caminhou pela incerteza, confiando no plano divino, conceda-nos a coragem de abraçar os caminhos desconhecidos diante de nós com fé. Que possamos avançar não sozinhos, mas de mãos dadas com a Divina Providência, confiantes de que também estamos sob o olhar cuidadoso de nosso Pai Celestial.

No final da vida, quando formos chamados a deixar o temporal pelo eterno, ó vigilante São José, patrono das almas que partem, esteja perto. Sussurre nossos nomes no ouvido daquele a quem você chamou de Jesus, para que possamos fechar os olhos neste mundo, apenas para acordar na presença da luz eterna.

Por sua intercessão, São José, que possamos incorporar o amor que você viveu, refletindo-o em nossas famílias, nossas comunidades e nosso mundo, até que todos estejamos unidos no cuidado perpétuo de nosso Pai. Amém.

Manto de Fortaleza de José

Amado São José, cuja força e coragem silenciosa foram reveladas em vosso gentil ato de proteger Maria da vergonha, voltamo-nos a vós em nossa hora de necessidade. "José, seu marido, sendo um homem justo e não querendo expô-la a vergonha pública, planejava deixá-la secretamente". Nessas poucas palavras, vislumbramos a fortaleza de vosso manto; um manto de honra e discrição que protegeu vossa amada e o Jesus ainda não nascido. Na complexidade de nossas vidas diárias, enfrentamos provações e tribulações que, por vezes, podem nos sobrecarregar. Por vossa intercessão, São José, concedei-nos o manto da fortaleza que tão profundamente encarnastes. Quando somos tentados a agir precipitadamente, lembrai-nos de que a verdadeira força é frequentemente demonstrada na resolução tranquila.

Assim como navegastes na inesperada jornada até Belém e na fuga urgente para o Egito, ajudai-nos, São José, a atravessar pelas perturbações da vida com um coração tranquilo e mão firme. Nos momentos de crítica injusta ou quando a integridade de nosso caráter é testada, encontremos consolo em vosso exemplo – agindo com retidão, não buscando aplausos, mas a dignidade silenciosa de fazer o que é correto.

São José, em nossas interações com os outros, especialmente quando enfrentamos decisões que afetam o bem-estar deles, concedei-nos a sabedoria para escolher ações que honrem sua dignidade. Iluminai-nos com a graça de lidar com situações delicadas com o mesmo espírito protetor que mostrastes à vossa sagrada família.

Em nossos locais de trabalho e comunidades, que a fortaleza de vosso manto nos inspire a manter-nos firmes contra as injustiças, a defender a dignidade de cada pessoa e a defender as causas dos vulneráveis e sem voz. Assim como silenciosa e diligentemente providenciastes para a Sagrada Família, ajudai-nos a trabalhar com propósito e amor, fomentando espaços seguros para o crescimento e o amparo.

Conduzi-nos, São José, quando as tempestades da vida ameaçam abalar nossa paz, a envolvermo-nos na serenidade de vosso manto. Encontrai-nos seguidores de vosso espírito humilde e inabalável, levando adiante as virtudes de justiça, compaixão e humildade que tão perfeitamente vivestes.

Orai por nós, querido guardião do Redentor, para que possamos imitar vossa presença discreta, contudo poderosa, no mundo. Que possamos, por vossa intercessão, trilhar um caminho que espelhe vossa confiança inabalável no plano de Deus e vossa resiliente jornada pelos capítulos ocultos da vida. Com o manto da vossa fortaleza a nos envolver, que possamos enfrentar nossos desafios com a mesma coragem silenciosa e profunda fé que definiram vossa vida terrena. Amém.

Serenidade à Sombra do Pai

Ó gentil São José, cujo silêncio fala volumes,

Cujas forças residem na tranquila confiança em nosso Pai Celestial;

Recorremos a ti em busca de serenidade num mundo que muitas vezes gira como um tufão,

Pedindo que estejas conosco à sombra do Pai.

Sob teu cuidado, a Sagrada Família encontrou paz em meio à incerteza;

Em teu exemplo, encontramos a coragem de abraçar a simplicidade em vez do caos.

São José, interceda por nós,

Para que possamos descobrir a quietude no abraço do Pai.

Patrono dos ocultos e dos humildes,

Guia nossos corações às profundezas tranquilas do amor de Deus;

Onde o medo é dissipado pela confiança,

E a agitação é apaziguada pela providência divina.

Ensina-nos a caminhar com uma confiança silenciosa forjada na forja da fé;

Viver com um equilíbrio que reflete o ritmo medido do céu.

São José, em tuas orações sussurradas, menciona-nos,

Para que, à sombra do Todo-Poderoso, possamos encontrar nosso descanso.

Quando as sombras se alongam e as noites esfriam,

Não deixes que nossos corações se perturbem,

Pois no abrigo da asa do Pai, há calor e luz.

São José, acompanha-nos,

Enquanto buscamos refúgio das tempestades da vida à sombra consoladora do Pai.

Contigo, querido guardião do Redentor, como nosso firme defensor,

Que possamos cultivar uma paz interior que irradia para aqueles ao nosso redor.

São José, reza por nós,

Para que a serenidade seja nossa na presença constante de nosso Pai.

Na amorosa intercessão de José, encontremos consolo;

À sombra protetora do Pai, habitemos seguros.

E que a paz de Deus, que excede todo o entendimento,

Guarde nossos corações e mentes em Cristo Jesus.

Amém.

Padroeiro das Famílias, Protegei-nos

Ó São José, humilde guardião da Sagrada Família, quando nuvens escuras pairavam sobre a vida inocente de Jesus, atendeste ao urgente aviso do anjo para fugir do alcance da fúria de Herodes. No silêncio de um sonho, discerniste a voz de Deus e com pronta obediência, levaste Maria e o recém-nascido Rei à segurança de uma terra estrangeira. São José, protege-nos dos perigos que ameaçam nossas famílias. Protetor confiável, no Egito, abraçaste o papel de provedor e defensor, nutrindo as preciosas vidas a ti confiadas. Tua jornada foi marcada pela incerteza, mas encontraste força na providência divina. Através de desertos e cidades desconhecidas, tua fé jamais vacilou, enquanto te agarravas à promessa da presença de Deus. São José, protege-nos dos perigos da dúvida e do medo.

Nas silentes horas de viagem, sob o dossel de incontáveis estrelas, ponderaste a magnitude de tua responsabilidade como marido de Maria e pai terreno de Jesus. A cada passo em direção a Nazaré, tua dedicação tornou-se o santuário que protegia a Sagrada Família do alcance do mal. Teu amor era a fortaleza deles, tua coragem, o escudo deles. São José, protege-nos das ameaças à nossa união e paz.

Agora, ternamente reunidos no calor do lar, a jornada de tua família tornou-se um testemunho da fé que guia da escuridão para a luz. Do Egito à Nazaré, teu compromisso inabalável com o bem-estar deles foi a lâmpada que iluminou o caminho. Teu legado, São José, é um farol para todas as famílias, chamando-as a criar refúgios de amor em meio às provações da vida. São José, protege-nos das forças que buscam desenraizar nossos lares.

À medida que navegamos por nossas próprias jornadas, confrontados pelas provações de nossos tempos, voltamo-nos a ti, São José, Patrono das Famílias, para fortalecer nossos espíritos. Que teu exemplo de força silenciosa e amor terno permeie nossas vidas. Ensina-nos a guardar nossos entes queridos como fizeste, com resolução e cuidado delicado. São José, protege-nos de todo mal e guia-nos com segurança através das tempestades da vida.

E quando os caminhos escurecem e os medos surgem, que possamos sentir tua presença reconfortante ao nosso lado, guiando-nos com um coração de pai. Ora por nós, para que possamos incorporar tuas virtudes, e por tua intercessão encontrar graça para superar os desafios que enfrentamos. Com confiança em tua poderosa proteção, imploramos tua ajuda: São José, protege-nos de tudo o que possa perturbar a santidade dos laços de nossas famílias.

Amém.

O Olhar Vigilante do Guardião

Ó vigilante São José, incansável protetor da Sagrada Família, com um coração ao mesmo tempo terno e forte, você que experimentou a angustiante ansiedade de um pai quando o Menino Jesus foi momentaneamente perdido, ouça agora a nossa súplica. Vivemos numa era onde perigos, tanto visíveis quanto invisíveis, erguem-se silenciosamente ao nosso redor, armando ciladas para a alma e o corpo. No rastro de seu santo cuidado, procuramos um defensor em ti, confiando-nos ao seu olhar vigilante. Seja nosso guia pelas veredas traiçoeiras deste mundo.

Assim como outrora encontraste o Menino Jesus entre os doutos, após buscar com fé perseverante, assim nós te pedimos que intercedas por nós, para que jamais percamos de vista a Sabedoria Divina. Que nossas mentes permaneçam fixas no que é justo e bom, e nossos corações sintonizados com a Vontade Divina, mesmo no meio do caos que a vida por vezes traz.

José, humilde carpinteiro, que moldou não somente com madeira, mas com fidelidade, forme nossas vidas com o mesmo amor protetor que mostraste a Jesus e Maria. Fique ao nosso lado na labuta de nossos afazeres diários, para que possamos trabalhar com integridade e dormir com paz, sabendo que manténs a vigília constante de um pai.

Imploramos-te, quando a escuridão da dúvida e do medo nos cerca, para seres a luz que nos guia de volta à clareza. Assim como atendeu aos avisos angélicos e manteve a Sagrada Família a salvo de perigos, alerta-nos aos sussurros da graça que guardam nossas almas da tentação e do desespero.

Ajuda-nos a permanecer obedientes ao chamado celestial, como uma vez ensinaste a obediência ao menino Jesus através do teu exemplo amoroso. Com tua orientação, que possamos crescer, assim como Ele, em sabedoria e estatura, encontrando favor com Deus e a humanidade.

Por tua intercessão, São José, que sejamos continuamente conscientes da presença de Deus em nossas vidas. De ti, dependemos para assegurar um manto de proteção ao nosso redor, às nossas famílias e a todos que invocam o teu nome.

Que teu olhar vigilante, São José, seja nosso conforto e defesa. Guia-nos através das provações da vida, até o dia em que, ao teu lado, possamos contemplar o rosto de Jesus, onde toda busca cessa e tudo é encontrado.

Em cada suspiro, em cada preocupação, através de cada noite de insônia, seja nosso guardião constante, enquanto descansamos na certeza de tua intercessão vigilante e amorosa. Amém.

Uma Oração Sob a Oliveira

Sob os galhos graciosos das antigas oliveiras, cujas raízes se entrelaçam com a história da nossa fé, venho perante ti, São José, em humilde súplica. Gentil guardião da Sagrada Família, que conheceu o sagrado sussurrar das folhas nas noites tranquilas da Nazaré, ouve a minha oração por proteção sussurrada entre essas folhas prateadas. No Evangelho de Lucas, lemos sobre a tua devoção, São José, acompanhando Jesus a Jerusalém para o Festival da Páscoa. Com cuidado paterno, tu O guiaste, assim como agora busco a tua orientação para navegar os desafios e perigos de minha própria peregrinação pela vida.

São José, assim como a oliveira dá frutos através da paciência e do cuidado, peço que me ajudes a cultivar dentro de mim um espírito firme. Que a resiliência desses antigos bosques, que resistiram ao teste do tempo e enfrentaram inúmeras tempestades, seja refletida na minha determinação de viver uma vida enraizada na fé e no amor.

Esses galhos retorcidos da oliveira, um símbolo de paz e cura, trazem à mente o teu papel como provedor e protetor. Suplico a tua intercessão, para que meu lar seja um santuário de serenidade e força. Que o óleo da alegria alivie nossos problemas e o toque da tua mão de carpinteiro estabilize tudo o que está desequilibrado em nossas vidas.

Em momentos de incerteza, querido São José, assim como confiaste no plano de Deus diante do impensável, concede-me a coragem de confiar com a mesma convicção. Deixa a tua silenciosa sabedoria falar às câmaras tranquilas do meu coração e guia-me na tomada de decisões que honrem o legado da tua paternidade.

Com cada folha de oliveira que balança na brisa, que haja uma oração elevada pelo bem-estar de nossas famílias. Que encontremos conforto no teu abraço, assim como Jesus encontrou seu primeiro consolo em teus braços, um lugar de segurança sob o dossel do teu amor inabalável.

E quando o sol se põe sobre os bosques e as sombras projetam seus desenhos alongados sobre a terra, lembra-nos, São José, da luz que sempre retorna com a aurora. Que nos mantenhamos firmes na esperança, sabendo que sob o teu olhar vigilante, nunca estamos verdadeiramente na escuridão.

Por tua intercessão, São José, que possamos ser protegidos do mal, envolvidos no manto da tua proteção tão certamente quanto esses ramos de oliveira abraçam a paz que simbolizam.

Reza por nós, para que possamos encarnar a fortaleza dessas árvores milenares, produzindo frutos que nutrem e folhas que curam, enquanto avançamos sob o amor constante do teu olhar paternal. Amém.

Sagrado Guardião, Divino Protetor

Ó Sagrado Guardião, São José, cuja fé inabalável e proteção incansável proporcionaram abrigo seguro para Nosso Senhor, Jesus Cristo, e para a Bem-aventurada Virgem Maria, ouvi a nossa prece. Humildemente buscamos a vossa intercessão, assim como outrora velastes pela Sagrada Família, agora vos pedimos que velais por nós.

Como as Escrituras disseram, "O Senhor é meu pastor; nada me faltará. Ele me faz repousar em verdes pastagens, conduz-me para junto das águas de descanso, restaura as minhas forças." (Salmo 23:1-3)

No espírito destas palavras sagradas, guiai-nos, São José, e conduzi-nos às águas tranquilas e pastagens verdes da alma.

Sagrado Guardião, recentemente na sombra da incerteza, convosco, Divino Protetor, pedimos o vosso amparo.

Maria, Mãe de Deus, com um amor materno, juntai-vos a São José na proteção sobre nós, guardando os nossos passos, protegendo-nos do mal.

Na hora da tentação, no meio das provações, invocamos a vós, São José.

Invocamos a vós, Maria, Estrela do Mar, para que brilheis a vossa luz sobre nós, revelando o caminho da justiça e da paz.

Confiamo-nos aos vossos santos cuidados, São José.

Colocamos a nossa fé no vosso caminho justo, Mãe Maria. Convosco como nossos advogados, que possamos encontrar a coragem para enfrentar todo perigo e a força para perseverar.

Que o vosso santo exemplo, São José, fomente em nós uma vida de virtude.

Que a vossa mansa força, Virgem Maria, nos imbua de graça e compaixão.

Buscamos a vossa intercessão, São José, nas nossas lutas diárias, sejam elas grandes ou pequenas.

Buscamos a vossa intercessão, Maria, a cada alvorecer e ao cair do crepúsculo.

São José, padroeiro da Igreja Universal, unai-nos sob o santuário da vossa santa proteção.

Maria, Rainha do Céu, envolvei-nos no manto do vosso amor e misericórdia.

Com vós como nossos guardiões, que possamos viver no conforto da proteção divina.

Com vós como nossos guias, que o nosso caminho seja sempre verdadeiro, o nosso espírito inabalável, o nosso coração sereno.

Ouvi a nossa prece, São José, e juntais-vos a Maria, nossa advogada, para interceder perante o trono de Deus em nosso favor.

Juntos, Sagrado Guardião e Divino Protetor, protegei-nos de todo mal, e conduzi-nos à luz eterna.

Amém.

Nos Firmes Passos de José

Ó São José, justo e gentil guardião, cuja vida incorporou o serviço fiel e a devoção inabalável, ouve a nossa oração. Refletimos sobre os teus primeiros dias, o honrado filho da linhagem de Davi, cuja virtuosa obediência ressoava mais no silêncio do que nas palavras da Escritura. Nos passos firmes de José, discernimos um caminho de força tranquila e cuidado diligente. Esposo escolhido da Bem-Aventurada Virgem Maria, aceitaste o mistério divino com um coração fiel, abraçando o papel de guardião terreno do Salvador da humanidade. Em tempos em que a incerteza pode dominar nossas almas, ensina-nos, ó José cuidadoso, a ouvir no silêncio da noite o sussurro dos anjos, a encontrar no sono a coragem para nos levantar e agir conforme o comando de Deus.

No trabalho, encontraste dignidade, talhando a madeira com mãos devotadas, uma metáfora, talvez, para o modelar dos anos do jovem Messias. Assim como os patrões hoje encontram inquietação no trabalho volátil e nas marés cambiantes, concede, ó padroeiro dos trabalhadores, que nós também possamos ver a santidade em nossos labores diários e, através deles, nutrir um mundo reflexo da justiça celeste.

Tua vida, São José, foi um testemunho do cuidado compassivo para com tua santa família, provendo para as suas necessidades e salvaguardando sua jornada. Em um mundo carregado de provações e temores, sê nosso advogado e guia, para que possamos proteger os vulneráveis, apoiar aqueles sob nossa responsabilidade e manter-nos firmes nas tempestades que ameaçam nos sobrecarregar.

Recorda para nós, querido José, teu terno guiar de Jesus na juventude, ensinando não apenas através de palavras, mas pelo exemplo de tua integridade silenciosa. Numa era em que o clamor pode afogar a suave voz da sabedoria, ajuda-nos a instruir com paciência e amor, para que os jovens cresçam fortes em virtude e verdade.

No silêncio de teu testemunho não expresso, encontramos uma profunda ressonância com as provações e incertezas que nos cercam, contudo encontramos consolo em tua resoluta serenidade. Em tua humildade e santidade oculta, somos lembrados da graça discreta que sustenta o mundo.

Assim como repousaste em paz no final de tua jornada terrena, na radiante presença de Jesus e Maria, inspira em nós o anseio por uma partida serena desta vida, quando chegar nossa hora de deixá-la para trás. Auxilia-nos, abençoado José, na busca por um coração tranquilo, não perturbado pelo medo do fim, mas sim preenchido de esperança pelo início que se segue.

Sê para nós um intercessor, São José, assim como tua vida intercedeu na grande obra da salvação de Deus. Guarda-nos contra o desespero, fortalece-nos na fé e caminha ao nosso lado, rezamos, nos passos firmes de José. Amém.

Lâmpada para o Nosso Caminho, José

Ó, Bendito São José, guardião e protetor de coração terno, nós nos apresentamos diante de ti na nossa necessidade de orientação e proteção. Vivemos num mundo onde sombras frequentemente velam nossos caminhos, onde dúvida e medo obscurecem as promessas de Cristo. Encontramo-nos em uma encruzilhada, onde podemos facilmente vagar noite adentro, longe da luz que Cristo emana em nossa jornada. Nos momentos escuros, quando nosso caminho é incerto, buscamos a tua intercessão, São José, para ser uma lâmpada para nosso trajeto. Assim como guiaste a Sagrada Família, sê nosso advogado diante do trono de Deus, para que possamos sempre discernir a rota marcada pela verdade e pela vida. Nos lembramos das palavras de Jesus em João 8:12, onde Ele proclamou: "Eu sou a luz do mundo. Quem me segue nunca andará nas trevas, mas terá a luz da vida." Fortaleça nossos corações para seguir em Seus passos.

Reconhecemos a noite que às vezes cai sobre o nosso espírito, sombras lançadas por nossas lutas e pecados. Porém, aspiramos andar na luz, como Ele está na luz, participando da comunhão que Seu amor oferece. Ajude-nos a entender que cada decisão pelo bem é um passo em direção ao alvorecer, onde o brilho do amor de Deus dissipa todas as formas de escuridão.

Buscamos não somente evitar a ausência de luz, mas abraçar o resplendor da sabedoria divina. Que nossas ações reflitam a luminosidade do evangelho, nossas escolhas sejam iluminadas pela fé, e nossas vidas tornem-se espelhos que refletem brilhantemente a proteção e a paz de Cristo. Nas instâncias em que o caminho não está claro, imploramos a ti, São José, para intercederes por nós.

Guia-nos, como fizeste com Jesus e Maria, através das incertezas e perigos que encontramos. Assim como protegeste a Sagrada Família de danos, confiamos em tua poderosa intercessão para nossa proteção. Que não sejamos paralisados pelo medo do desconhecido, mas sim, encorajados pela confiança no Senhor, avancemos para a luz da vontade de Deus.

Com tua ajuda, São José, que possamos ser corajosos diante da adversidade, confiantes de que a luz de Cristo prevalecerá sobre qualquer escuridão que encontrarmos. Enquanto navegamos pelas complexidades de nossas vidas, que nos mantenhamos firmes aos ensinamentos de Jesus, o exemplo perfeito de viver na luz da verdade e da graça.

Amém.

O Refúgio do Coração Casto

Ó abençoado São José, terno guardião da Sagrada Família, esposo devoto da Virgem Maria e casto protetor de todos os corações que buscam a pureza, recorremos a ti buscando refúgio em nossa procura pela castidade. Assim como outrora abraçaste a lei com um espírito de compaixão e discrição, sem desejar expor Maria à vergonha, ensina-nos a manter as virtudes de respeito e honra em nossos relacionamentos. Inspira-nos a coragem de agir com integridade, como fizeste, mesmo diante das complexidades das decisões da vida. Ajuda-nos a navegar os intricados caminhos de nossos próprios corações com graça e sabedoria, como suportaste graciosamente o peso da confiança divina colocada sobre ti.

Na tua silenciosa força, São José, encontramos um exemplo do amor casto que honra tanto a Deus quanto a dignidade dos outros. Guia-nos no fomento da pureza de coração que reflete a castidade da Virgem Maria — um coração apartado para Deus, não contaminado pelas distrações do mundo. Que nosso amor, como o dela, seja pleno e completo em sua entrega à vontade do Altíssimo.

Ó fiel custódio da castidade, buscamos teu poder intercessório para fortalecer nossa resolução em escolher uma vida de pureza. Assim como protegeste a pureza de Maria, estende tua proteção a nós, guardando nossos pensamentos, nossas ações e nossos desejos das influências que poderiam nos desviar deste caminho virtuoso.

Nos momentos de tentação ou desespero, quando o atrativo dos prazeres transitórios ameaça turvar nosso julgamento, lembra-nos da alegria e paz que brotam de um coração casto dedicado a servir a Deus. Que possamos olhar para ti, nosso mentor e guia, para interceder pela graça de que precisamos para permanecer firmes em nosso compromisso com uma vida que reflita tua própria castidade.

Confiámos ao teu cuidado paternal não apenas nossas lutas pessoais com a castidade, mas também os desafios enfrentados por nossa comunidade e pelo mundo. Que um renovado entendimento do amor puro baseado no sacrifício e na doação própria surja, curando relacionamentos e nutrindo uma cultura de vida onde a ligação sagrada entre o homem e a mulher seja honrada como um profundo testemunho do desígnio de Deus.

Que nossos corações encontrem em ti, São José, um refúgio de castidade, uma defesa contra as seduções do mundo e um caminho seguro para o Coração de Jesus. Por tua poderosa intercessão, que possamos a cada dia nos aproximar de viver o amor puro e nobre ao qual todos somos chamados, até que finalmente nos juntemos à companhia dos santos no abraço eterno da presença amorosa de Deus.

Amém.

Sussurro das Mãos do Operário

Ó Bendito São José, modelo dos trabalhadores e protetor dos lares, ouça nossa sincera súplica enquanto elevamos nossas vozes num apelo por proteção em meio aos labores de nossas mãos. Com sua força gentil que uma vez modelou madeira nos limites de sua oficina em Nazaré, guie-nos na moldagem de nossas tarefas com igual medida de habilidade e graça. Na quietude ressonante de martelo contra prego, onde suas mãos diligentes suportavam o peso da criação, lembre-nos de construir nossos empreendimentos sobre a sólida fundação da honestidade e integridade. Enquanto o cinzel dividia a madeira sob seu olhar atento, ajude-nos a discernir o verdadeiro do falso e a esculpir um caminho que se afasta dos estilhaços do engano e da maldade.

Assim como você suavizou as arestas ásperas de seu ofício, ensine-nos, São José, a polir nossas ações com paciência, para que não sejamos desencorajados pelas dificuldades nem pelos grãos serrilhados de mal-entendido que encontramos. Em cada traço do plaina e sussurro da serra através da madeira, que possamos encontrar a coragem de enfrentar os rigorosos trabalhos sem ceder às ameaças de lesão ao corpo ou espírito.

Proteja-nos, amável guardião, das modernas aparas de orgulho e rivalidade que enchem os pisos de nossos locais de trabalho. Assim como você varria seu espaço de trabalho, que também possamos manter nossas intenções puras e nossa inveja e competição como mera serragem sob nossos pés. Proteja-nos das arestas cortantes e pregos ocultos do mundo apressado de hoje, para que não sejamos prejudicados enquanto trabalhamos para prover àqueles que estão sob nosso cuidado.

Nos momentos de fadiga, quando o trabalho parece infindável, inspire-nos pelo seu exemplo incansável para perseverar. Encoraje-nos a suportar o jugo de nossas responsabilidades com o conhecimento de que nosso trabalho, também, pode ser uma escada para a santidade, tão honroso quanto a mais nobre oração quando oferecido com um coração cheio de devoção.

São José, você conheceu o peso da madeira que um dia se tornaria a Cruz que seu Filho adotivo suportaria. Que essa memória acenda em nós um espírito de sacrifício, sabendo que cada tarefa, pequena ou grande, nos une ao divino Carpinteiro, em cujo serviço encontramos nossa paz e proteção.

Ouça nossa oração, Ó São José, enquanto nos confiamos a seu cuidado paternal. Que possamos emergir de cada dia de trabalho fortalecidos e incólumes, seguros no manto de sua guarda perpétua. Pedimos sua intercessão invocando as palavras da Escritura, "Tudo quanto fizerdes, fazei-o de todo o coração, como para o Senhor e não para os homens" (Colossenses 3:23). Por Jesus Cristo, nosso Senhor. Amém.

Fiel Administrador da Sagrada Família

Ó caro São José, fiel administrador da Sagrada Família, protetor dos inocentes e guardião do Verbo encarnado; com um coração pesado pela minha própria fragilidade, venho diante de ti buscando tua poderosa intercessão. Humilde na tua silenciosa força, suportaste o peso de mundos desconhecidos; com cuidado paternal protegeste Jesus, nosso Salvador, e apoiaste Maria, nossa amada Mãe. Na tua simples, mas profunda obediência, tornaste-te um vaso da insondável graça de Deus, uma lição de fé inabalável em meio às tempestuosas marés da vida.

Eu estou aqui, ó gentil José, uma criança em espírito, perdido na turbulência dos meus julgamentos. Entendo que não estou só, mas meu coração humano treme de inquietude. Na tua duradoura fé, ensina-me a confiar; na tua duradoura esperança, guia-me a me agarrar às promessas de nosso Pai Celestial.

Meu mundo está cheio de incertezas; apostas são coroas de espinhos disfarçadas de cuidados diários. No entanto, tu, ó justo José, encontraste certeza no plano divino de Deus. Transmite-me essa mesma paz tranquila, para que, em meio ao abalo do meu mundo, minha alma descanse sobre o solo firme do amor de Deus, assim como descansaste em tua confiança Nele.

Imploro-te que solicites ao Senhor que envolva minha casa e meus entes queridos com Sua proteção divina, assim como cercaste a Sagrada Família com teu cuidado vigilante. Intercede em nosso favor por uma virtude que espelhe a tua, coragem que se mantenha diante do medo e uma devoção que suporte os testes do tempo.

Que cada passo que eu dê espelhe tua silenciosa e constante jornada ao lado de Maria e Jesus. Seja meu advogado em tempos de dúvida, meu defensor em tempos de perigo e meu consolador em tempos de tristeza. Por tua oração, que o santuário da nossa família seja fortificado contra todas as adversidades espirituais e mundanas.

Em comunhão contigo, ó mais casto coração, confio minhas intenções à tua intercessão paternal, sabendo que suas orações diante do trono de Deus são poderosas e eficazes. Guia-nos, São José, a viver como viveste – em serviço, em silêncio, e na santidade do amor obediente.

Com um espírito de humildade e esperança, coloco diante de ti meu sincero apelo. Intercede por mim, ó São José, para que em todas as minhas ações eu possa refletir o amor e a proteção que dispensastes. E quando chegar a hora de deixar este mundo, conduza minha alma à alegre presença de Jesus e Maria, para que contigo, eu possa louvar a Deus para sempre.

Amém.

Pastor do Coração Vulnerável

Ó terno São José, guardião da Sagrada Família, seu coração conheceu a gentileza do amor e a fortaleza da proteção. Vimos diante de ti, pedindo tua intercessão em oração em nome de todos aqueles cujos corações estão expostos e frágeis, confiando no teu cuidado compassivo. Pelos doentes e enfermos, cujos corpos e espíritos estão sobrecarregados pelo peso da doença e da dor, solicitamos tuas orações, São José. Que eles sintam a presença reconfortante do amor de Deus através do cuidado daqueles que atendem às suas necessidades. Concede-lhes esperança em meio ao seu sofrimento e a paz que vem da segurança divina.

Voltamo-nos a ti, fiel São José, para cuidar dos órfãos e crianças abandonadas, cujos pequenos corações anseiam pelo calor do abraço de uma família. Por tua intercessão, acenda a chama da caridade nos corações de muitos, para acolherem estes pequeninos em um refúgio de afeto, segurança e alegria.

Olha com favor, São José, para os idosos, que estão no crepúsculo de suas vidas. Com sua riqueza de experiência, muitas vezes enfrentam solidão e negligência. Oramos para que eles sejam cercados de ternura e respeito, envoltos pelo amor que generosamente derramaram ao longo da vida.

Lembra-te também dos imigrantes e refugiados, São José, que caminham pela incerteza, buscando consolo e segurança. Assim como um dia levaste tua própria família para uma terra estrangeira em busca de refúgio, pedimos que intercedas por estes, nossos irmãos e irmãs, para que encontrem acolhida e assistência em seu caminho.

São José, estende tua proteção aos não nascidos, que são sem voz e ainda assim falam da santidade da própria vida. Intercede por eles e por seus pais, para que cada criança seja acolhida como um presente precioso e seja criada em um ambiente de amor e aceitação.

Invocamos a ti, consolador dos ansiosos e defensor dos cansados, para seres o baluarte de todos os que lutam na sombra da angústia mental. Tua coragem silenciosa e fé constante diante das provações nos ensinam a perseverar, sabendo que a luz infalível de Deus nos guia pelas noites mais escuras.

Pelos pobres e marginalizados, cujas vidas diárias são uma luta pelas necessidades humanas básicas, buscamos tua intercessão compassiva. Que eles encontrem na bondade dos outros os meios para viverem uma vida de dignidade, e através da mudança social, um caminho para a auto-suficiência e empoderamento.

Por último, São José, suplicamos que pastoreies todos nós que nos sentimos espiritualmente vulneráveis, que lutamos com dúvidas e medos. Infunde em nós uma fé confiante e uma confiança na providência divina, espelhando a certeza que possuíste ao cuidares de Maria e Jesus.

Por tua poderosa intercessão, São José, que todos os que balançam nas beiras do desespero encontrem consolo, força e a proteção infalível de tua mão guiadora. Entregamos nossas orações a ti, confiantes na tua advocacia compassiva diante do trono de Deus. Amém.

O Abraço Firme do Pai Adotivo

Ó humilde e gentil São José, pai adotivo do Salvador e protetor da Sagrada Família, vimos diante de ti buscar a tua poderosa intercessão. No teu carinho amoroso, Jesus encontrou segurança e a confiança calorosa do amor paterno. Com o mesmo cuidado paternal, vigia-nos, teus filhos espirituais, mantendo-nos longe do perigo e guiando-nos pelo caminho da retidão.

Fiel guardião da Virgem, confiaram-te a formidável tarefa de nutrir a vida do nosso Redentor. Através das tempestades da incerteza e das sombras do perigo, a tua fé inabalável forneceu um farol de esperança. Enquanto enfrentamos as tempestades das nossas próprias vidas, pedimos pelas tuas orações, São José, para fortalecer nossos corações com coragem e nos cercar com a segurança do teu firme abraço.

Terno protetor de Cristo, com força serena, defendeste o Filho de Deus de todo mal. No silêncio da noite, guiaste a tua amada família para longe das garras do perigo, garantindo a sua passagem segura. Nos momentos em que o medo se aproxima da nossa paz, recorremos a ti, São José, para nos envolver com teus braços protetores e guiar nossos passos para longe das armadilhas do maligno.

Ó bendito São José, tua vida foi um testemunho do teu coração obediente e compromisso inabalável com a vontade de Deus. Através de cada ato de serviço altruísta e provisão para o Santo Menino, modelaste a virtude do amor paterno em sua forma mais pura. Imploramos a ti, ajuda-nos a emular a tua castidade de coração e espírito resoluto, para que possamos também servir com amor aqueles confiados aos nossos cuidados.

Leal companheiro de Maria, teu amor foi o santuário que acolheu o Salvador neste mundo. Como parte da unidade sagrada da família, compartilhaste alegrias e tristezas, sempre presente e apoiador. Ensina-nos, São José, a estimar e proteger nossas famílias com a mesma devoção, para que possamos crescer em amor e santidade sob o teu patrocínio.

Fiel São José, morreste nos braços de Jesus e Maria, e por isso és o padroeiro da morte serena. Quando se aproximar a hora da nossa partida deste mundo, estejas ao nosso lado. Que as tuas orações nos ajudem a deixar esta vida terrena com graça e que sejamos recebidos nos braços amorosos de nosso Pai Celestial.

Ouve nossas preces, ó gentil e poderoso São José, e apresenta-as diante do trono de Deus. Que o teu coração paternal seja sensibilizado por nossas necessidades, e que possamos sentir o firme abraço da tua proteção hoje e sempre. Amém.

Sentinela dos Santos Inocentes

Ó São José, Sentinel dos Santos Inocentes, que foi confiado o cuidado do Menino Jesus, estenda agora seu olhar protetor sobre os pequeninos do nosso mundo. Invocamos sua intercessão com um coração cheio de esperança, pois como dizem as Escrituras, "Da boca de crianças e de bebês tiraste perfeito louvor" (Mateus 21:16). Que nossas crianças cantem sempre uma canção de alegria inocente, suas vidas intocadas pela malícia e pelo dano. No silencioso santuário do lar familiar em Nazaré, tu ensinaste o Menino Cristo pelo teu exemplo de virtude, orientando-O em sabedoria e graça. Pedimos agora que também oriente nossos filhos, conforme crescem em estatura e favor, assim como Jesus cresceu. São José, ajude nossos jovens a navegar as complexidades deste mundo, conforme está escrito, "Ensina a criança no caminho em que deve andar, e mesmo quando for idoso, não se desviará dele" (Provérbios 22:6). Fomenta neles um amor pela verdade e a coragem de se manterem firmes nela.

Guardião do Redentor, tu que defendeste Maria e Jesus da fúria implacável de Herodes, seja o baluarte contra as ameaças que buscam roubar a alegria e a inocência dos corações de nossa juventude. Como sabemos pela Palavra, "O anjo do Senhor acampa-se ao redor dos que o temem, e os livra" (Salmos 34:7). Que tua presença vigilante seja uma fortaleza para nossas crianças, protegendo-as dos perigos desta era, tanto vistos quanto não vistos.

Na silenciosa companhia da Sagrada Família, teu papel, São José, foi de força tranquila e fé inabalável. Pedimos que essa mesma força e fé sejam transmitidas a nossos filhos, para que enfrentem as provações e tribulações da vida com confiança inabalável na providência de Deus. Como é prometido, "Não temas, pois estou contigo; não te assombres, pois sou teu

Deus; eu te fortaleço e te ajudo, te sustento com a minha destra fiel" (Isaías 41:10).

Padroeiro da Igreja Universal, suplicamos que inspires em nossos filhos um amor pela pureza e santidade da vida, ensinando-lhes a respeitar a dignidade de cada pessoa, nascida e não nascida. Conduza-os a seguir teu exemplo de força gentil, caminhando nos passos de "um caniço trilhado não quebrará, e um pavio fumegante não apagará" (Mateus 12:20), lembrando-lhes sempre da preciosidade da vida em todas as suas etapas.

Neste apelo de oração, São José, confiamos a ti as almas tenras de crianças em todo lugar. Que tua intercessão as guie por caminhos de retidão, as proteja das armadilhas de um mundo desafiador e as conduza ao caloroso abraço do amor do nosso Pai Celestial. Colocamos nossa confiança em ti e, por teu intermédio, oferecemos nossa petição a Deus, de quem todas as coisas boas vêm. Amém.

Orientação nos Desafios Terrenos

Ó São José, guardião da Sagrada Família, tua vida foi um testemunho de fé firme e confiança inabalável na vontade de Deus. Diante do incompreensível, como a concepção milagrosa de Jesus, permaneceste justo e íntegro, como nos lembra o Evangelho de Mateus: "José, seu marido, sendo justo e não querendo expô-la à infâmia, resolveu deixá-la secretamente" (Mateus 1:19). Neste mundo complexo, ajuda-nos a navegar nossos próprios momentos de incompreensão com a mesma graça e virtude que demonstraste. Bendito protetor da Virgem Maria, atendeste ao chamado de Deus sem hesitação quando um anjo veio até ti em sonho, dizendo: "José, filho de Davi, não temas receber Maria por tua esposa" (Mateus 1:20). Suplicamos a tua intercessão, para que também possamos ouvir e atender aos sussurros tranquilos da orientação divina em meio ao tumulto de nossas vidas, abraçando a fé em vez do medo.

Humilde São José, diante das adversidades da ira de Herodes e da ameaça sobre o Menino Jesus, buscaste refúgio no Egito, conforme o anjo do Senhor te instruiu, salvaguardando o Salvador em obediência ao plano divino de Deus (Mateus 2:13-14). Numa era onde provações e perigos se avizinham, intercede por nós, para que possamos encontrar nosso refúgio e força, nutrindo nossas famílias em segurança e paz, como fizeste.

Ó cuidadoso Pai, com mãos diligentes e coração sincero, proveste para Maria e Jesus, exemplificando a dignidade do trabalho. Assim como labutaste como carpinteiro em Nazaré, dominando o ofício para sustentar tua família, agora pedimos a tua intercessão em nossos esforços diários para que possamos trabalhar com integridade e habilidade, transformando nossas provações terrenas em oportunidades de crescimento e provisão.

São José, silencioso testemunha da juventude de Jesus, tu O guiaste com a ternura de um pai devotado. Apesar das ansiedades das responsabilidades parentais, quando Jesus ficou no Templo, O procuraste com tristeza, até encontrá-l'O entre os mestres, e "disse-lhe sua mãe: 'Filho, por que nos fizeste isso? Teu pai e eu estávamos ansiosos à tua procura'" (Lucas 2:48). Na complexa jornada da parentalidade moderna, intercede por nós, para que possamos liderar nossos filhos com sabedoria e paciência, guiando-os de volta à verdade e à luz quando perderem o caminho.

Assim como cuidaste de Jesus e Maria com amor terno, pedimos, São José, que também cuides de nós. Por tuas preces e exemplo, que possamos suportar nossas provações terrenas com graça, olhando sempre para a providência de nosso Pai Celestial, e que possamos, como tu, alcançar o final de nossa peregrinação terrestre no aconchego reconfortante de Jesus e Maria. Amém.

Guardião dos Sonhos, Guia-nos

Guardião Gentil, que se manteve firme ao lado da Sagrada Família, ouve o meu pedido. No silêncio do sono da noite, quando sonhos e dúvidas igualmente alçam voo,

Invoco teu coração vigilante, Guardião dos Sonhos, guia-nos à luz de São José.

Durante horas inquietas e dias trabalhosos, quando a confusão turva meus caminhos terrenos,

Leva-me sob teu olhar constante, Guardião dos Sonhos, guia-nos à graça de São José.

Em sonhos ouviste a voz do anjo, para as areias do Egito te apressaste, não por escolha,

Assegurando que nenhum mal acometesse a criança, Guardião dos Sonhos, guia-nos com a postura de São José.

Ao teu lado, o Salvador criança cresceu, sob o olhar silente do carpinteiro,

Ensina-me a trabalhar com força silenciosa, Guardião dos Sonhos, guia-nos à verdade de São José.

Em vales baixos e montanhas íngremes, quando a escalada parece sem fim, os abismos muito profundos,

Empresta-me tua força para persistir e suportar, Guardião dos Sonhos, guia-nos ao passo de São José.

Quando a escuridão se aproxima e a esperança parece velada, quando as súplicas do meu coração quase falharam,

Fica comigo contra o frio sopro da noite, Guardião dos Sonhos, guia-nos com a fé de São José.

Quando deito minha cabeça para descansar, e fecho meus olhos para o doce teste da noite,

Sussurra a paz, proporciona-me descanso; Guardião dos meus Sonhos, guia-nos à busca de São José.

Pois, assim como vigiaste o Filho e Sua mãe, torna-te para nós um pai espiritual,

Em cada sonho e hora acordada, Guardião dos Sonhos, guia-nos com o poder de São José.

E quando meus dias se aproximarem do fim, como lírios que se fecham no repouso da noite,

Que tuas mãos gentis recebam meu espírito, Guardião dos Sonhos, guia-nos à paz de São José.

Agora durmo sob o manto das estrelas, confiante de que cuidarás das cicatrizes do meu coração,

Em sonhos e em vigília, mantém-me à vista; Guardião dos Sonhos, guia-nos à luz de São José. Amém.

Abraçando a Quieta Força de José

Ó São José, cuja força silenciosa suportou o peso do mistério divino,

No clamor das minhas dúvidas, que eu encontre a harmonia da fé—constante e inabalável.

Quando minha voz vacilar ao relatar minhas provações,

Que a tua resolução silenciosa me guie para expressar minhas necessidades com confiança e confiança.

Na solidão dos meus medos, onde as sombras se agigantam,

Conceda-me a coragem do teu valor não expresso—firme e gentil.

Enquanto meu espírito treme diante do desconhecido,

Empresta-me a serenidade da tua fortaleza não anunciada, abraçando cada momento com esperança.

Em meio à turbulência das tempestades da vida, onde a ansiedade assedia a paz,

Imparta-me a tranquilidade do teu cuidado vigilante—vigilante e gentil.

Quando meu coração treme diante do pensamento das cargas do amanhã,

Inspira em mim a tranquilidade da tua sabedoria oculta, iluminando o caminho da prudência.

Onde o desânimo busca desmantelar a alegria dentro da minha alma,

Ensina-me a arte da tua perseverança silenciosa—paciente e duradoura.

Ao navegar pelos testes e tribulações que me afligem,

Instila em mim a graça da tua tenacidade discreta, dando cada passo com quietude e segurança.

No testemunho da tua vida, tão despretensiosa e, no entanto, tão profunda,

Eu busco a intercessão do teu manto protetor—seguro e amoroso.

Ao me esforçar para espelhar o teu exemplo,

Dá-me a fortaleza para abraçar minha própria força silenciosa, tornando-me um escudo de fé para outros.

Pois no dar, recebemos; no perdoar, somos perdoados—

Então no silêncio da tua virtude heróica, deixa-me encontrar minha voz.

E na força da tua presença silenciosa,

Que eu aprenda que a proclamação mais alta é muitas vezes o amor não dito. Amém.

Companheiro de Peregrinação no Caminho

Ó São José, humilde Guardião do Redentor e compassivo Companheiro dos Peregrinos, ouve a nossa prece enquanto atravessamos os caminhos sinuosos das nossas próprias vidas, assim como outrora guiaste a Sagrada Família através da incerteza da sua jornada para a segurança. Em vigilância silenciosa, atendeste aos sussurros dos anjos e, com confiança inabalável, abraçaste o manto de protetor, conduzindo Maria e o menino Jesus pelas sombras do perigo. Ao enfrentarmos os desafios em nosso caminho, que possamos aprender com a tua força e sabedoria. Concede-nos coragem, para que possamos enfrentar nossos próprios medos com um coração firme, confiantes no conhecimento de que a orientação divina está sempre à mão.

São José, quando a noite da perseguição escureceu a porta dos inocentes, tornaste-te um farol de esperança, navegando pelo terreno traiçoeiro sob comando celestial. Ensina-nos a discernir os sutis sinais do céu e a enfrentar corajosamente as injustiças que ameaçam a santidade da vida. Que encontremos consolo na tua silenciosa resiliência, sabendo que o amor de Deus é uma fortaleza intransponível às artimanhas daqueles que pretendem fazer mal.

A tua jornada foi repleta de dificuldades, mas o teu espírito permaneceu inabalável diante da implacável onda de adversidades. Inspira-nos a nos apegarmos à fé quando a jornada se torna árdua e o destino parece além do nosso alcance. Que nós também encontremos refúgio no abraço da providência de Deus, aconchegados seguramente nos limites do Seu amoroso cuidado.

Na quietude do teu abraço protetor, São José, envolve-nos no manto da tua presença protetora. Quando o caminho é obscurecido pelos nevoeiros da incerteza, sê a mão firme que nos guia, a voz gentil que nos tranquiliza e o sentinela inabalável que nos vigia no nosso sono.

Que as nossas viagens ecoem a santa peregrinação que outrora empreendeste: não uma busca por honras mundanas, mas uma humilde submissão à vontade divina. Que cada passo nos aproxime de uma vida marcada pela graça e que nossas pegadas neste mundo tracem um legado de virtude e compaixão.

Amoroso São José, assim como um lírio cresce imaculado nos vales escondidos, que o nosso espírito floresça brilhantemente em meio aos desafios que enfrentamos. Não buscamos ser poupados de toda luta, mas ser fortalecidos contra elas através da tua intercessão e emergir delas refinados e renovados.

Nesta jornada de peregrino, que o nosso espírito ressoe com as melodias da paz celestial. São José, advogado dos errantes e cansados, acompanha-nos na busca de um destino sagrado onde um dia estaremos seguros e serenamente ao repouso, na presença do divino. Vigia-nos, assim como velaste por Jesus e Maria, e guia-nos ao santuário da eterna proteção de Deus.

Amém.

A Oração Protetora do Homem Justo

Ó Bendito José, casto guardião da Virgem, e pai nutridor de Cristo nosso Senhor, no silêncio do teu coração justo, ouve nosso apelo devoto. Pai adotivo do Filho de Deus, protetor da Sagrada Família, imploramos tua intercessão com a confiança de filhos que buscam consolo em tempos de perigo. Do humilde ateliê de carpinteiro em Nazaré, emergiste, um sentinel silenciosamente forte, encarregado pelo céu de salvaguardar Maria e o menino Jesus. Gentil São José, ergue teu escudo contra o avanço do mal que paira sobre o caminho do homem justo.

Pelo mistério da tua divina missão, ficaste de guarda, sempre vigilante, como uma luz contra a escuridão, um baluarte da fé. Buscamos o abrigo do teu manto protetor, o mesmo que protegeu Maria e o menino Jesus do perigo.

Esposo fiel da Mãe de Deus, que tua atenta vigilância se estenda sobre nós. Ensina-nos a trabalhar com integridade e a descansar na providência de Deus, como fizeste. Reza para que em nossos labores diários e provações, possamos encontrar fortaleza e paz.

Assim como conduziste a Sagrada Família pelo deserto até a segurança, guia-nos agora em nossa peregrinação. Navega-nos pelas incertezas da vida, como navegaste fielmente a rota para o Egito sob o céu estrelado de Deus.

Espelho de paciência, perfeita encarnação do amor, teu cuidado paterno é um testemunho da assistência divina. Que possamos confiar em tuas orações enquanto abraçamos as adversidades da vida, sabendo que tua firme mão está intercedendo por nós.

Em cada desafio e escolha, que possamos sentir tua presença tranquilizadora, como uma vez tranquilizaste o Imaculado Coração de Maria. Que tua intercessão nos conduza a um coração sereno, refletindo tua própria justiça e pureza.

Acolha-nos, Ó São José, em teus braços protetores, assim como acolheste Jesus. Protege-nos das armadilhas do inimigo, como protegeste o Salvador da humanidade. Sustenta-nos em nossa fraqueza, como uma vez sustentaste nosso Redentor.

Permanece ao nosso lado, José, modelo de humildade e força. Advoga por nós diante do Trono da Graça, para que possamos continuar inabaláveis diante da adversidade, vestidos com a armadura de teu legado virtuoso.

Nas tempestades da vida, sê nosso firme protetor. Nos momentos de sossego, sê nosso defensor na oração. Que o bendito manto de tua paternidade seja nosso baluarte, o conforto de teu exemplo nos guie, e o poder de tuas orações fortifique nosso espírito.

Do dia que se torna noite e da noite que se torna dia, que possamos ecoar tuas silenciosas orações. Por tua intercessão possamos perseverar, persistentes como o formão do carpinteiro na madeira, moldando nossas vidas à forma da cruz, com amor que perdura eternamente.

Amém.

Sob o Patrocínio da Justiça

Ó gentil São José, cuja justiça brilha como uma estrela guia através das mais profundas sombras da noite, viemos diante de ti buscando o manto da tua santa proteção. O mundo está repleto de cantos de sereia e tempestades que ameaçam direcionar nossos corações frágeis para as costas serrilhadas do desespero. Na tua firmeza, encontramos a âncora para nossas almas, o porto tranquilo onde virtude e paz convergem. Em humildade, permanecemos sob a bandeira do teu cuidado paterno, pedindo-te que eleve nossas preces aos céus onde a graça voa como pombas que ascendem ao amanhecer. Como carpinteiro, moldaste a madeira que embalou a Palavra; agora, molda nossos espíritos com a mesma delicada arte, para que também possamos guardar sagrado o dom da vida dentro de nós.

Sussurra ao ouvido do Todo-Poderoso os nomes daqueles que prezamos, aqueles para os quais o anoitecer parece nunca cessar. Com o pincel da tua intercessão, pinta para eles céus de serenidade e fortifica a sua resolução com a fortaleza que foi tua companheira durante o silencioso trabalho dos teus dias na Terra.

Tu, ó justo São José, que caminhaste com silenciosa força ao lado da mãe de Deus, protege os corações daqueles lançados no deserto da dúvida. Onde sombras ameaçam, deixa que tua virtude seja a lanterna que dispersa a escuridão, e nos momentos de fraqueza, seja o cajado em que nos apoiamos.

Com uma confiança tão inabalável quanto tua devoção à Sagrada Família, confiamos a ti, querido São José, esta súplica por proteção—protege-nos das armadilhas armadas pelo inimigo de nossa alegria. Deixa-nos descansar na certeza da tua advocacia, tão suave e revigorante quanto o primeiro sopro da primavera que desperta as flores adormecidas.

Na sinfonia da ajuda celestial, teu coro de justiça une-se em harmonia com o cântico dos anjos. Que nossas vidas sejam um eco digno de tais melodias divinas, ressoando verdade e beleza através dos tempos. E quando nosso crepúsculo final se aproximar, conduza-nos à luz eterna onde o coro nunca se esvai e onde tu estás em esplendor eterno, ó patrono dos justos.

Amém.

Refúgio de Segurança, Cuidado de José

Ó amado São José, protetor da Sagrada Família, permita que eu encontre em seu exemplo a força para construir meu próprio lar de segurança.

Permita-me fomentar sob meu teto o cuidado que você dispensou a Jesus e Maria,

Protegendo-os com convicção inabalável e afeto terno.

Permita-me manter a santidade do meu lar como você fez em Nazaré,

Transformando suas paredes num bastião de amor, seus espaços em santuários de paz.

Permita-me emular a sua diligência silenciosa no ordinário, sua fé nos desafios invisíveis,

Ofertando cada ato de serviço como um testemunho da providência de Deus.

Interceda por mim, São José, para que eu seja sempre vigilante contra as tempestades que ameaçam meu lar,

Que cada porta e janela seja selada por sua oração, cada cômodo seja agraciado por sua presença.

Envolve minha família no manto do seu cuidado protetor,

Para que possamos viver seguros no abraço do Todo-Poderoso.

Que o calor do seu coração paternal me encoraje a amar mais livremente,

Agir com justiça e servir com humildade,

Para que, dentro do lar que você me ajuda a proteger,

Possamos cultivar as virtudes que você tão perfeitamente modelou.

Com sua intercessão, São José, que nosso lar se torne um farol da luz de Cristo,

Um porto seguro das tempestades mundanas, refúgio de inspirações celestiais.

Olhe por nós com preocupação paternal e nos guie através das incertezas,

Para que possamos descansar seguros na vigilância providente do seu amoroso cuidado.

Amém.

Legado do Protetor Fiel

Ó São José, Fiel Protetor e Guardião do nosso Redentor, Jesus Cristo; eu acredito na tua humilde força e na tua silenciosa coragem; eu acredito na tua constante fidelidade à Sagrada Família; eu acredito na tua poderosa intercessão diante do trono de Deus. Eu acredito no teu legado como o Protetor Fiel; ele perdura através dos séculos como um testemunho da Providência Divina; eu acredito na tua tranquila resolução, e na tua obediência sem par a vontade de Deus; eu acredito que, como patrono da Igreja universal, tua mão protetora ainda nos guia.

Eu acredito nas lições da tua vida; elas nos ensinam a confiar sem reservas e a amar sem condição; eu acredito nas virtudes que encarnas, no modelo de retidão que proporcionas; por teu exemplo, que possamos conduzir vidas de integridade e honra.

Eu acredito no teu papel como Defensor de Cristo; contra provações e tribulações, tua proteção permanece firme; eu acredito no santuário que ofereceste à Sagrada Família; que nossos lares reflictam a segurança e a paz de Nazaré.

Eu acredito no conforto do teu patrocínio; como estiveste ao lado de Maria, assim estás conosco nos momentos de necessidade; eu acredito no teu apoio orante que nos guia para longe do perigo; tua silenciosa vigília mantém-se alerta sobre nossa jornada pela vida.

Que o teu legado inspire nossa fé; assim como protegeste a Luz do Mundo, que possamos nutrir a chama da fé em nossos corações; que tua retidão infunda nossos atos; assim como serviste ao Pai Todo-Poderoso, que possamos praticar servidão à Sua vontade divina.

Ensina-nos, ó Guardião da Virgem, a viver humildemente pelos outros, assim como não viveste para ti mesmo, mas para a

Sagrada Família; que o legado da tua fiel proteção seja o nosso guia; que seja um farol de esperança num mundo repleto de incertezas.

Guia-nos, vigia-nos, protege-nos, ó São José, para que possamos imitar tua inabalável fé; que nossas vidas sejam um monumento aos valores que prezaste; por tua intercessão, que possamos sempre encontrar refúgio na sombra do Todo-Poderoso.

São José, ora por nós; para que o legado da tua fiel proteção perdure em nossos corações e no mundo para sempre. Amém.

Obrigado Senhor...

São José, por favor, interceda por mim...

Minha oração pessoal...

Minha oração pelos meus entes queridos...

_____
_____
_____
_____
_____
_____
_____
_____
_____

Meus desafios atuais...

_____
_____
_____
_____
_____
_____
_____
_____
_____

Senhor, me dê orientação...

_____
_____
_____
_____
_____
_____
_____
_____
_____

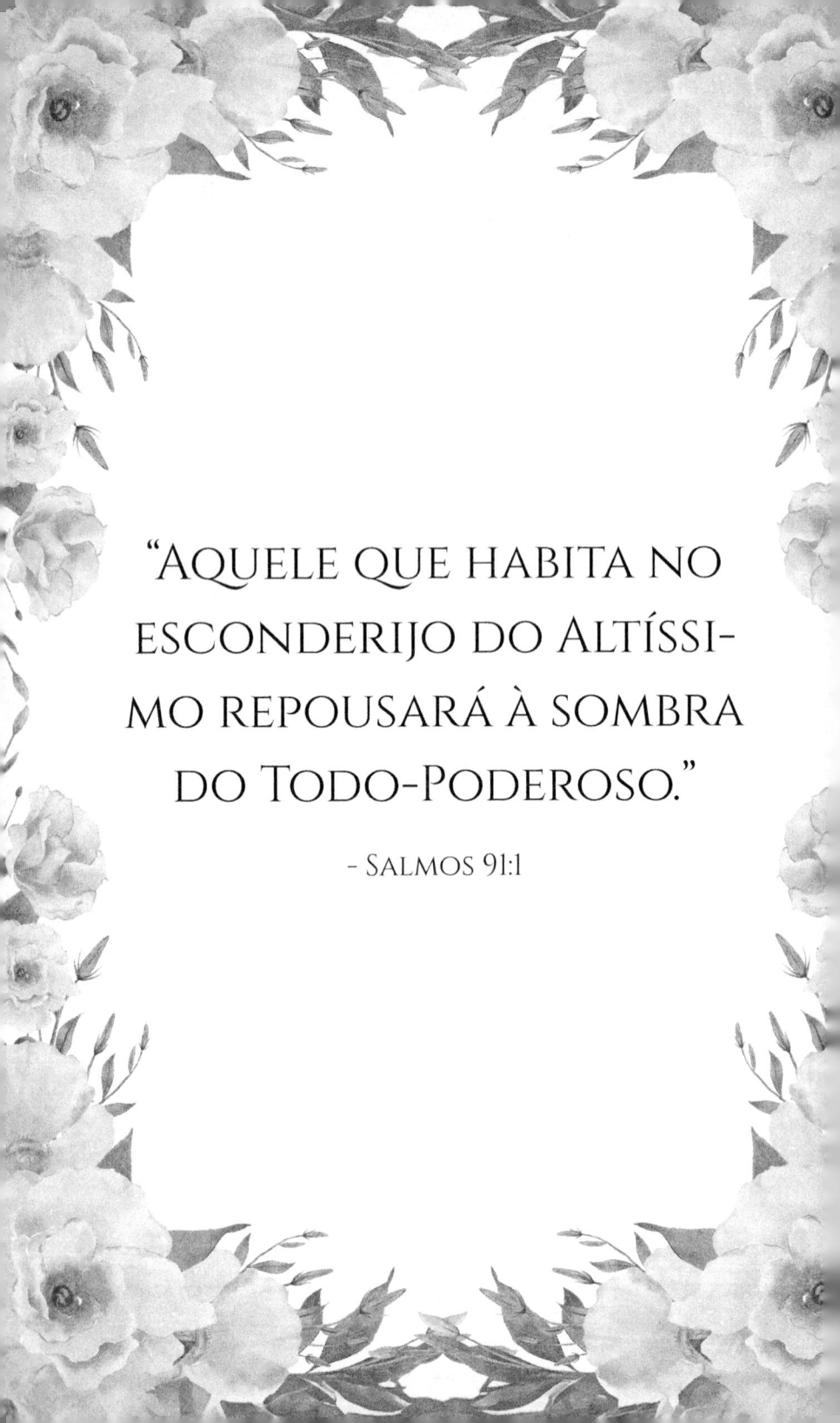

"Aquele que habita no esconderijo do Altíssimo repousará à sombra do Todo-Poderoso."

- Salmos 91:1

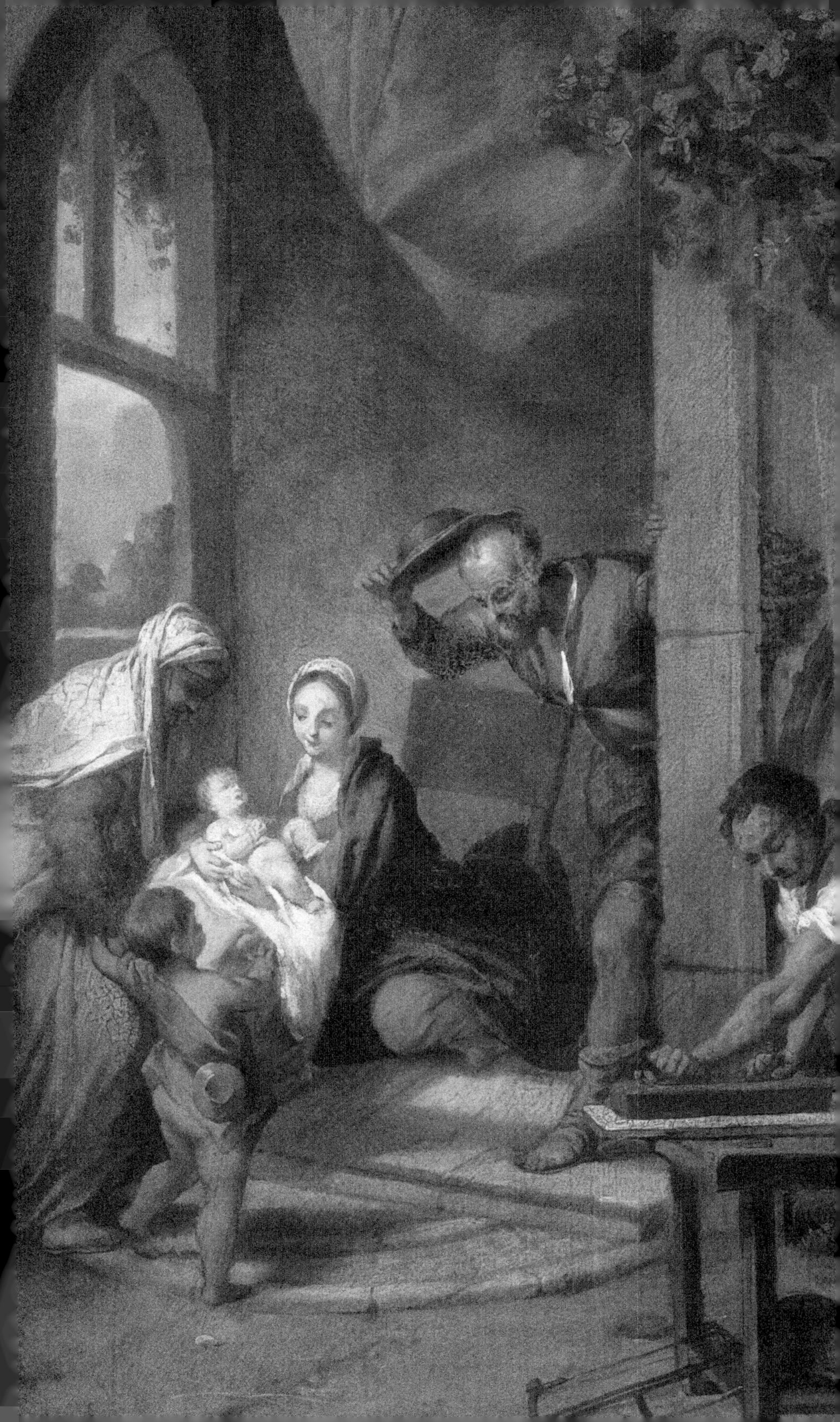

Novenário

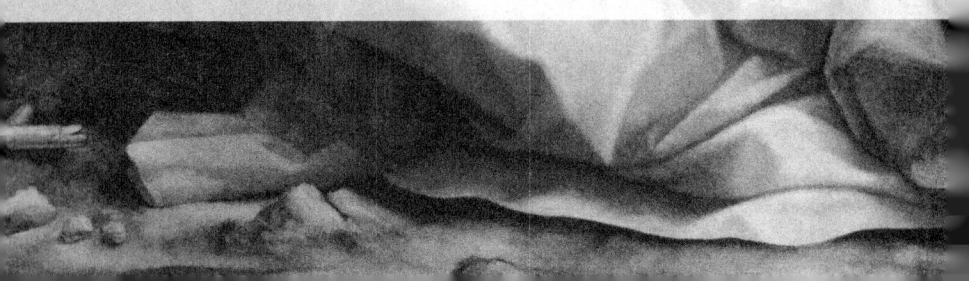

Introdução

Ao iniciarmos esta novena dedicada a São José, humilhamo-nos diante de sua vida exemplar – uma vida marcada pela força silenciosa, obediência à vontade de Deus e compromisso inabalável de proteger a Sagrada Família. São José se destaca como um farol de esperança e uma fonte inesgotável de proteção diante dos perigos e incertezas da vida. Durante nove dias e noites, entraremos num período de oração e reflexão concentrada, emulando suas virtudes e implorando sua orientação. Por meio dessa jornada espiritual, almejamos nos aproximar de São José, pedindo-lhe que nos abrigue sob seu manto paternal. Como pai adotivo de Jesus e casto guardião da Virgem Maria, ele vivenciou provações, enfrentou adversidades com graça e desempenhou suas obrigações terrenas com profunda fé. Nestes momentos de comunhão, contemplemos seu papel silencioso, porém profundo, e busquemos aprofundar nosso entendimento das virtudes que ele encarnou.

Oremos com corações abertos à sabedoria do Espírito, sintonizados às lições que São José nos transmite. Com cada dia da novena, que possamos crescer na apreciação pelo santuário que ele oferece a todos os que buscam sua orientação. Em tranquilidade e confiança, sigamos seus passos no caminho para proteção espiritual e graça.

Obrigado Senhor por...

Minhas intenções pessoais de novena...

Minhas intenções pela humanidade...

Minhas intenções de novena pelos meus entes queridos...

Primeiro Dia

Entremos em oração com corações abertos às lições de confiança e fé corajosa que José, o carpinteiro de Nazaré, nos ensina através de sua vida. Hoje, neste primeiro dia de nossa novena, buscamos inspiração na aceitação inabalável de São José da missão divina que lhe foi confiada. Amado São José, você se manteve como o pilar humano da Sagrada Família, abraçando a vontade de Deus com perfeita fidelidade. Quando o anjo do Senhor apareceu para você em sonho, revelando o plano extraordinário para o nascimento de Jesus, você não hesitou. Em silêncio e humildade, você aceitou seu papel como protetor terreno de Jesus, oferecendo um exemplo de obediência que fala através dos séculos. Hoje, imitamos sua fé e prontidão para agir, orando para que nossos espíritos possam estar igualmente dispostos quando chamados pelo nosso Senhor.

Oremos:

Pai Gracioso e Eterno,

Ajoelhamo-nos diante de Ti com corações ansiosos para servir ao Teu plano divino. Em nossas próprias vidas, surgem momentos em que Tu nos convidas a assumir papéis de guardiões – sobre os jovens, os idosos, os vulneráveis e aqueles que colocas sob nossos cuidados. Que possamos responder com a mesma fé e pronta obediência que São José mostrou quando aceitou o chamado para ser o guardião do Teu Filho, Jesus Cristo.

São José, Padroeiro da Igreja Universal, sussurra aos nossos corações o caminho para confiar, como você confiou, às mensagens que são enviadas para nos guiar. Torna-nos atentos aos suaves movimentos do Espírito Santo, aos sonhos que vêm carregados da vontade divina. Ajuda-nos a discernir e a encontrar coragem, assim como você encontrou, no momento de nosso chamado.

Pedimos a graça de abraçar nossas vocações com esperança, sabendo que em nossos papéis nos tornamos parte da maior história Divina. Assim como protegeste e cuidaste de Maria e de Jesus, ensina-nos a ser guardiões firmes de tudo que é confiado a nós – nossas famílias, nossos amigos e nossas comunidades.

Concede-nos a força para proteger, a sabedoria para guiar e a gentileza para curar. Que nossas vidas reflitam a humildade e o serviço que você, castíssimo guardião, viveu todos os dias.

Por tua poderosa intercessão, que também estejamos abertos para receber a palavra de Deus e seguir sem medo, seguros no conhecimento de que, assim como você foi escolhido por Deus, também nós somos escolhidos para nossas missões únicas.

São José, ora por nós para que tenhamos a coragem de cumprir os propósitos para os quais fomos criados. Protege-nos da dúvida e hesitação, e guia-nos no caminho da retidão.

Confiamos nossas orações e intenções a ti, confiantes em tua fiel intercessão.

Amém.

Segundo Dia

Iniciemos este dia da nossa novena na silenciosa sombra de São José, um homem de origens humildes e uma vida imersa em labor silencioso. Invocamos o seu espírito para que nos envolva em reflexão solene sobre os nossos próprios caminhos e as tarefas que empreendemos cada dia. Na oficina do carpinteiro, entre as aparas de madeira e o aroma de cedro, São José laborava. Com cada tábua que plainava e cada prego que cravava, oferecia uma oração silenciosa, mostrando-nos a santidade do trabalho e a virtude da paciência. Na presença de São José, reconhecemos o valor dos nossos empreendimentos rotineiros, aqueles pequenos, mas essenciais momentos que compõem o entrelaçado da vida diária. José, o artesão despretensioso, talhava e construía, aderindo aos seus deveres terrenos enquanto cumpria um propósito divino. Ele encontrou em seu labor tanto um meio de sustento quanto uma forma de adoração, modelando para nós uma atitude de profundo respeito pela diligência e contribuição discreta.

Protetor gracioso, que conheceu a doçura do suor e a satisfação de um trabalho concluído, ensina-nos a valorizar o verdadeiro valor do nosso próprio trabalho, não importa quão discreto possa parecer. Que possamos entender, como você, a nobreza de uma profissão bem exercida e a graça silenciosa em prover para aqueles que amamos através dos nossos esforços humildes. Que não busquemos grandiosidade ou aclamação, mas abracemos as tarefas que nos são apresentadas com a mesma graça que você o fez, vendo nelas uma oportunidade de servir a Deus e aos nossos semelhantes.

Oramos agora pela força para perseguir o nosso trabalho diário com a mesma integridade e compromisso que você demonstrou. Guie as nossas mãos e estabilize os nossos corações, para que possamos estar presentes e com propósito dentro das nossas vocações respectivas. Ajude-nos a compreender que cada aspecto do trabalho, da tarefa mais banal ao maior desafio, é uma chance de executar a nossa parte no plano de Deus, um plano que você confiou implicitamente.

Ó fiel mordomo, que aceitou a responsabilidade de criar o Filho de Deus, não através de grandes feitos ou palavras, mas pelo ritmo confiável das suas ações cotidianas, provando que a devoção é muitas vezes silenciosa e o sacrifício, não anunciado. Incuta em nós a fortaleza para enfrentar o nosso trabalho com um coração sereno, encontrando paz na compreensão de que o nosso labor, vinculado ao amor e à lealdade, é um testemunho da nossa fé.

Ensina-nos a emular a sua força silenciosa, para que possamos perseverar quando o cansaço ameaça diminuir a luz do nosso propósito. Na rotina, que sejamos elevados pelo pensamento da sua constância, suas mãos trabalhando não por recompensa pessoal, mas em serviço a uma Sagrada Família e a um Pai Celestial.

Ao concluirmos este segundo dia da nossa novena a ti, São José, concede que possamos despertar para a honra inerente nos nossos deveres diários. Concede-nos a graça de continuar em tempos em que o nosso trabalho parece não ser notado e os nossos esforços, indignos. Que possamos sempre encontrar em nós mesmos — e um no outro — a dignidade silenciosa que você exibiu, o compromisso que viveu e a proteção que providenciou tão fielmente. Amém.

Terceiro Dia

Conforme entramos no terceiro dia de nossa sagrada novena, voltamo-nos para São José, o homem justo e prudente, que tomou decisões que moldaram o destino da Sagrada Família e, por sua vez, a nossa salvação. Ele é nosso guia confiável nas tempestades de indecisão, o farol de sabedoria que rompe a confusão e o tumulto. Aquietemos nossos corações e mentes, e em humildade busquemos seu conselho, pois aquele que discerniu a vontade de Deus em meio às provações mais graves da vida pode nos ajudar a navegar nossas encruzilhadas mais desafiadoras. Querido São José, guardião do Redentor, sua vida foi um tecido de escolhas cruciais entrelaçadas com fios de silêncio, reflexão e confiança inabalável no Todo-Poderoso. No silêncio deste momento, recorremos à sua força que flui da comunhão íntima com Deus. Você, que discerniu as mensagens dos anjos e reconheceu a mão da Providência nas curvas inesperadas da jornada da vida, guie-nos para ouvir com clareza os sussurros do Espírito em nossas vidas.

Oh, gentil guardião da Sagrada Família, agora enfrentamos decisões que fazem nossos corações tremerem e nossas mentes hesitarem. Encontramo-nos em meio à tempestade de escolhas, onde cada caminho se bifurca em maior complexidade. Alivie-nos, São José, dos pesos da confusão e do medo que se agarram fortemente ao nosso raciocínio. Conceda-nos sua clareza de mente, aquela perspectiva divina que vê além do imediato, julgando não apenas por resultados oportunos, mas por verdades eternas.

Com ternura compassiva, você protegeu a honra da Virgem Maria e nutriu o Menino Jesus, reconhecendo que suas decisões tinham o peso de salvaguardar os preciosos dons de Deus. Ensine-nos, então, a agir de maneira justa e honrosa, de modo que em nossas próprias vidas possamos proteger e elevar a dignidade daqueles que nos são confiados. Incuta em nós a coragem que surge da retidão, para renunciar ao erro mais fácil pelo acerto mais difícil.

Pensamos em você, nosso guia e mentor, enquanto dormia sob o manto de estrelas, sua mente carregada de preocupação, mas seu coração ancorado na fé. Que, como você, nosso sono não seja perturbado pelas ansiedades do amanhã, confiando que Aquele que o guiou através dos sonhos nos provê tanto de luz quanto de direção.

Rezemos a oração transmitida através das gerações, saturada de esperança e fervor:

Ó São José, cuja proteção é tão grande, tão forte, tão pronta diante do Trono de Deus, coloco em você todos os meus interesses e desejos. Ó São José, assista-me com sua poderosa intercessão e obtenha para mim do seu Divino Filho todas as bênçãos espirituais por meio de Jesus Cristo, Nosso Senhor; para que, tendo-me posto aqui embaixo sob o seu poder celestial, possa oferecer meu agradecimento e homenagem ao mais Amoroso dos Pais. Ó São José, nunca me canso de contemplar você e Jesus adormecido em seus braços. Não ouso me aproximar enquanto Ele repousa perto do seu coração. Aperte-O em meu nome e beije Sua amável Cabeça por mim, e peça que Ele devolva o beijo quando eu exalar o meu último suspiro. Amém.

Ao concluirmos a devoção de hoje, levemos conosco a confiança silenciosa de São José, confiando que nossas orações foram ouvidas e que sua orientação iluminará o caminho à nossa frente. Que nossas decisões sejam tão firmes e nossos passos tão seguros quanto o do carpinteiro de Nazaré que, na fé e no amor, construiu um fundamento para a redenção do mundo. Amém.

Quarto Dia

Entramos no 4º dia da nossa novena com os corações prontos para emular São José enquanto ele abraçava os santos mistérios que se desenrolaram na cidade de Belém. Na quietude daquela noite abençoada, quando os coros celestiais prenderam a respiração e o mundo jazia em silencioso anseio, um jovem casal buscava refúgio para o nascimento de uma criança – uma criança que iria resplandecer a luz eterna nos cantos da nossa existência terrena.

Oremos.

Ó São José, Guardião do Redentor, naquela silenciosa e estrelada noite em Belém, você acolheu com alegria o nascimento do Menino Jesus, mesmo enquanto um manto de incerteza e humildade envolvia a chegada do Salvador. Tão frequentemente a vida nos apresenta começos envoltos em sombras, e nos encontramos navegando pela penumbra, esperando agarrar um lampejo de clareza. Como você, desejamos acolher esses novos capítulos com corações abertos e alegria, apesar das dificuldades que possam conter.

Na simplicidade de uma manjedoura, sem pompa ou grandiosidade, você recebeu o Rei recém-nascido e seu papel como protetor foi selado. Sua silenciosa e firme confiança no plano divino atua como farol para todos nós. Ensina-nos, ó fiel administrador, a não confiar em nosso próprio entendimento, mas a abraçar a vontade de Deus, sabendo que Ele nos guia através da noite.

Contemplamos a madeira do berço que prenunciaria a madeira da Cruz. Ajuda-nos a lembrar que em cada término há um início, e com cada novo dia, a esperança renasce. Assisti-nos, terno José, em nossos próprios nascimentos e renascimentos ao longo da jornada da vida, para que possamos recebê-los com o espírito de graça e coragem que ornava seu coração e lar.

Invocamos a tua intercessão, Vigilante Guardião da Virgem, pedindo humildemente que estejas ao nosso lado em nossos momentos de incerteza. Ilumina nosso caminho com tua luz paterna enquanto navegamos pelas complexidades de nossas vidas. Envolve-nos no manto de tua proteção, assim como fizeste por Maria e Jesus, oferecendo abrigo contra as trevas que procuram intimidar e desanimar.

Concede, através de tuas orações, querido São José, que possamos encontrar consolo na certeza de que nunca estamos sozinhos em nossos desafios e atribulações. Como você colocou sua confiança nas profecias anunciadas e nas garantias dos anjos, infunde em nós a fé para crermos nas promessas que nos foram dadas pelo Todo-Poderoso.

Castíssimo esposo da Mãe de Deus, enquanto depositamos nossas preces a teus pés durante esta novena, que possamos também despojar nossos medos e apreensões. Inspira-nos a avançar com alegre confiança enquanto atravessamos os limiares de nossos próprios desconhecidos.

Terminamos nossa oração com a esperança de que, através de tua ajuda celestial, os começos que enfrentamos possam se desdobrar sob o olhar vigilante de Deus, e que as lições do humilde berço nos guiem sempre em direção à luz de Cristo.

Amém.

Quinto Dia

Ao entrarmos no quinto dia da nossa novena, refletimos sobre o papel profundo de São José como o vigilante guardião que guiou a Sagrada Família à segurança. Na força tranquila do seu abraço protetor, encontramos um modelo para a guarda das nossas próprias famílias. Hoje imploramos que ele desvie nossos entes queridos do perigo e nos envolva no manto de sua vigilância constante. Comecemos com um momento de silêncio, permitindo que nossos corações se abram à presença de São José, compartilhando de seu sagrado dever como protetor e guia. Na serenidade da nossa devoção, oferecemos nossas orações a ele, suplicando sua intercessão pela proteção e orientação de nossa família.

Bondoso São José, pai de coração terno e protetor destemido, você que enfrentou a incerteza com uma fé inabalável; desde o momento da divina concepção de Jesus, você se dedicou ao serviço de sua família, protegendo-os contra o mal. Em tempos de desespero, quando a malevolência de Herodes se aproximava, foi você quem recebeu a mensagem do anjo em sonho, alertando para o perigo iminente. Com pressa e sem questionar, você liderou Maria e o menino Jesus para longe do perigo de Belém até a segurança do Egito.

Ao nos apresentarmos perante você, pedimos que abençoe nossas famílias com o mesmo cuidado protetor. São José, que navegou as complexidades da vida familiar com sabedoria e fortaleza, ensine-nos a discernir os riscos que ameaçam nossos lares e nos dê a coragem para agir rapidamente contra eles. Em um mundo onde os perigos são abundantes, que sua mão guia conduza nossas famílias por caminhos livres de danos, sempre avançando para a santidade e a paz.

Compreendemos que a segurança física é apenas um aspecto do seu manto protetor. Imploramos a você que guarde nossas famílias das ameaças mais sutis que assaltam o espírito; do desentendimento, da erosão do amor, da corrosão da fé que se insinua no coração desavisado. Envolve nossos lares na calor de seu cuidado paternal, garantindo que permaneçam santuários de amor cristão e fidelidade.

Interceda por nós, São José, para que nossas famílias também sejam modelos de vida santa, reflexo da vida da Sagrada Família em Nazaré. Que seu exemplo nos inspire a criar um ambiente onde a virtude prospere e o Evangelho seja vivido com alegria.

Como José Marello, um de seus devotos filhos, orou tão eloquentemente, "Que possamos dormir sob seu olhar paternal, ó grande Guardião do Redentor. Seu amado filho Jesus dormiu seguramente em seus braços; conceda o mesmo a nós, seus filhos, na hora do perigo."

Com corações cheios de esperança e confiança, terminamos nossa oração meditando silenciosamente sobre a coragem, o amor e a vigilância com que São José protegeu a Sagrada Família. Pedimos a graça de emular suas virtudes em nossas próprias vidas e, por sua intercessão, buscamos a força e proteção necessárias para que nossas famílias floresçam. Amém.

Na ternura de nossa súplica, encerramos este dia da nossa novena fortalecidos pelo conhecimento de que São José, nosso patrono celestial, caminha conosco. Levemos adiante seu exemplo em nossa vida quotidiana, sempre conscientes de sua presença gentil e constante ao navegarmos os cuidados e preocupações da vida familiar.

Sexto Dia

Entremos no silêncio de Nazaré, a discreta aldeia cravada nas colinas da Galileia, onde São José viveu seus dias em fiel quietude e humilde serviço. Aqui, dentro das paredes de uma casa comum, floresceu a extraordinária virtude de um carpinteiro – um protetor, provedor e pai firme da Sagrada Família. Reunimo-nos neste sexto dia para refletir sobre a vida de José em Nazaré e para implorar sua orientação na criação de nossas próprias famílias nos caminhos da retidão e da graça. Considere como José, no meio da simplicidade da vida cotidiana, abraçou sua comissão divina. Com cada golpe de seu martelo e cada medida de sua serra, ele trabalhou não apenas para sustento, mas como um testemunho da dignidade do trabalho. Imagine-o instruindo o jovem Jesus, não só na arte da marcenaria, mas também nas lições mais profundas de diligência, paciência e reverência – marcas de um caráter nobre que um dia suportaria o peso da redenção do mundo.

Em oração silenciosa, peçamos a graça de imitar a fé inabalável de José e seu compromisso com sua vocação de pai e esposo. Que seu exemplo nos lembre de infundir nossos deveres diários, nossos simples momentos, com um sentido do sagrado, transformando-os em ofertas agradáveis a Deus.

Juntos, rezamos:

Ó Puríssimo Coração de José, em sua vida terrena você prezou a sabedoria divina e a nutriu dentro da família em Nazaré. Você ensinou Jesus não apenas as habilidades de sua profissão, mas a virtude de suas ações, criando um filho no temor do Senhor e no conforto de seu amor constante e robusto. Em sua família, o Salvador da humanidade encontrou Seu refúgio antes de embarcar na missão de salvação.

Ensina-nos, ó José, a criar tais refúgios em nossos próprios lares. Guie nossas mãos e corações na criação de nossos entes queridos com os mesmos princípios de fé e integridade que modelaste. Ajude-nos a incutir neles um profundo apreço por nossas preciosas tradições e pela rica tradição de nosso patrimônio espiritual, para que possam levar adiante o legado da fé para as futuras gerações.

Conceda-nos seu entendimento, ó Padroeiro da Igreja Universal, de que a força de nossas famílias reside no tapeçaria de amor e respeito tecida através de nossas interações diárias. Que nossos lares se tornem berços de virtude, onde a presença de Deus é evocada em cada oração proferida, cada refeição compartilhada e cada lição transmitida.

Assista-nos, humilde guardião do Redentor, para que possamos defender nossos entes queridos contra os assaltos do inimigo e envolvê-los no manto de sua proteção. Que nossos filhos cresçam, como Jesus, em sabedoria e estatura, e em favor com Deus e todas as pessoas.

Com confiança em sua poderosa intercessão, entregamos nossas famílias ao seu cuidado paterno, esperançosos de que, por suas orações, possamos um dia nos reunir na Nazaré eterna do céu, para desfrutar da glória da presença de Deus eternamente.

Amém.

Sétimo Dia

Centremos nossos corações e mentes na vida de São José, que viveu entre sombras e silêncio para que a Palavra feita carne pudesse brilhar. Neste sétimo dia da nossa novena, refletimos sobre as virtudes que adornavam o nobre guardião do Redentor: castidade, devoção e serviço humilde. Suplicamos-lhe que nos conceda a graça de imitar essas virtudes em nosso caminhar diário com Cristo. (Ofereça suas intenções aqui.)

São José, casto guardião da Virgem, a pureza do seu coração refletia o brilho do verdadeiro amor. Foste encarregado da santíssima Virgem, Maria, e a honraste com tua terna reverência. Ensina-nos a amar com um coração puro e firme; guia nossos desejos para que possamos honrar a santidade do casamento e valorizar o dom do celibato como fizeste. Ajuda-nos a encarnar a pureza em pensamento, palavra e obra, e a viver com corações inflamados de amor por Deus e pelos outros.

Celestial Patrono das famílias, tua firme devoção a Maria e ao divino Menino exemplificou a união perfeita com a Vontade de Deus. Obedeceste sem questionar, serviste sem reservas e confiaste sem vacilar. Inspira-nos uma devoção semelhante, para que nunca vacilemos diante de provações e desafios. Fortalece nossos espíritos para que possamos abraçar o plano de Deus para nossas vidas com confiança completa e um alegre sim, como fizeste. Como tu, que possamos ouvir a voz de Deus e seguir onde ela nos levar, firmes na crença de que os desígnios de Deus são repletos de sabedoria e amor.

Ó silencioso e vigilante protetor, teu humilde serviço foi realizado longe dos olhos do mundo, mas sempre sob o olhar de Deus. Trabalhaste com tuas mãos em silêncio, sustentando a Sagrada Família na vida oculta em Nazaré. Ao buscarmos seguir teu exemplo, concede-nos a graça de trabalhar em humilde silêncio, sem buscar aclamações ou recompensas, mas contentes com o conhecimento de que nosso trabalho é feito para a glória de Deus. Em nossos locais de trabalho, nossas casas e nossas comunidades, ajuda-nos a lembrar que é muitas vezes no serviço silencioso que o evangelho é pregado mais eloquentemente.

Amoroso São José, ao nos aventurarmos nas horas deste dia, sê nosso guia e modelo de castidade, devoção e serviço humilde. Protege-nos das tentações do mundo, para que possamos permanecer focados no amor e na misericórdia de Jesus. Por tua poderosa intercessão, que possamos perseverar na santidade e no cumprimento de nossos deveres cristãos, trabalhando com amor, como fizeste pela Sagrada Família.

Concluímos este dia da novena, levando conosco a força do teu exemplo e o conforto da tua proteção. Vigia sobre nós, São José, como vigiaste sobre Jesus e Maria. E quando nossa hora final se aproximar, conduz-nos à morada celestial, onde habitas em bem-aventurança e paz.

São José, rogai por nós.

Oitavo Dia

No quieto repouso deste oitavo dia, entremos em contemplação do fim que chega a todas as jornadas terrenas, uma passagem desta vida para a próxima. Encontramos consolo e inspiração em São José, que é honrado como o Patrono dos Moribundos pela tranquilidade de seus últimos momentos na companhia de Jesus e Maria. São nesses eventos ternos e comoventes que encontramos a maior segurança de que José, nosso protetor, também estará conosco ao nos aproximarmos do crepúsculo de nossas próprias vidas.

À medida que preparamos nossos corações e mentes para comungar com o Santo em oração, recordamos a gentil rendição e confiança que José demonstrou diante da mortalidade. Sua foi uma vida vivida em retidão fiel, uma força tranquila e obediência à vontade divina que não o abandonou, mesmo enquanto jazia em seu leito de morte ao lado do Senhor e Nossa Senhora.

É com essa sagrada partida que buscamos a intercessão de São José em nossa oração hoje, para que, quando a hora de nosso próprio passamento chegar, a graça e a paz abundem em nós. Oremos para que também possamos ser cercados de amor, sendo fortalecidos por toda virtude santa que São José exemplificou.

Ó São José, castíssimo esposo da Bem-aventurada Virgem Maria e nutridor de Cristo, refletimos sobre os momentos impagáveis que marcaram o fechamento de sua jornada terrena. Você, que cuidou da Sagrada Família com a máxima fidelidade, sabia que mesmo na morte, estava abraçado pelo plano divino.

Pedimos agora por suas orações, para que, no final de nossas próprias vidas, seu espírito sereno possa ser uma estrela guia. Auxilie-nos a liberar cada laço terrestre com suavidade, abraçando a luz divina que nos chama para casa. Ensine-nos a viver de maneira que prepare nossas almas para uma transição pacífica, emulando sua humilde aceitação da vontade de Deus.

São José, patrono da boa morte, rogai por nós para que sejamos fortalecidos contra qualquer medo ou angústia em nossa última hora. Que suas orações proporcionem conforto àqueles que estão próximos do fim de suas vidas, que seu exemplo encoraje os cuidadores e que sua presença silenciosa seja sentida por todos aqueles que aguardam a jornada final.

Concedei-nos, por meio de vossas orações, a graça de permanecer firmes em nosso amor por Jesus e Maria, assim como você fez. Que possamos entrar no pleno abraço de seu amor ao fazermos a transição desta vida para a próxima. Ajudai-nos a confiar na misericórdia de Deus e na promessa de vida eterna, que Jesus Cristo assegurou para todos os que o seguem.

Ó São José, ensina-nos a preparar nossos corações para que, quando chegar nossa hora, possamos enfrentar cada momento com humilde confiança na ressurreição. Por tua intercessão, que possamos um dia nos alegrar no esplendor do paraíso, onde agora resides na companhia da Sagrada Família.

Juntos, invoquemos São José, suplicando-lhe que nos guarde contra uma morte súbita e despreparada. Com cada respiração concedida a nós, que nossas vidas sejam uma novena viva de devoção, espelhando a própria vida de serviço fiel de José e seu santo repouso nos braços do amor divino.

Amém.

Nono Dia

Amado São José, neste nono e último dia de nossa novena, reunimos nossos pensamentos, nossos corações e nossos espíritos para pedir o seu auxílio no caminho em direção à Redenção. Você, que protegeu a Sagrada Família com inabalável coragem e confiança na Divina Providência, é um farol de esperança e fidelidade enquanto navegamos pelas complexidades de nossas próprias jornadas. Vocês nos ensinou que proteção não é simplesmente um escudo contra o mal, mas um abraço amoroso que nos carrega através de nossos desafios e em direção aos nossos sonhos. Em nossas reflexões sobre sua vida, vimos como sua força silenciosa e piedade constante deram forma aos alicerces da história de nossa salvação. Caminhamos com você desde a tranquila oficina de carpintaria até as sombras trêmulas do Egito, aprendendo que a verdadeira proteção está na obediência à vontade de Deus e no conforto que ela traz, mesmo em meio ao desconhecido.

Esposo castíssimo da Virgem Maria e pai adotivo do Filho de Deus, seu papel foi de confiança e responsabilidade monumentais, servindo como o guardião humano do próprio Redentor. Você suportou temores e incertezas com um coração ancorado na fé e abraçou sua missão divina sem hesitação. Seu exemplo ilumina nosso caminho, mostrando-nos como permanecer firmes em nossas convicções diante das adversidades, sempre contando com a infinita misericórdia e orientação do alto.

Ao buscarmos emular sua virtude, conceda-nos a graça para discernir e corajosamente seguir o plano de Deus em nossas vidas. Que possamos nos tornar vasos de amor e serviço, assim como você foi, protegendo e nutrindo aqueles que nos foram confiados. Ensina-nos humildade para que, como você, possamos ser ocultos mas instrumentais, servindo sem buscar louvores, mas encontrando contentamento no cumprimento de nosso chamado.

Interceda por nós, São José, para que possamos estar envoltos em seu manto protetor quando os perigos se aproximarem. Nos momentos de medo e dúvida, sussurre para nós a garantia que vem de viver uma vida entrelaçada no coração da Sagrada Família. Ajude-nos a repousar nos braços da proteção divina, confiando que, assim como você liderou Maria e Jesus através das sombras, também irá nos guiar em direção ao amanhecer da promessa de Deus.

Pedimos agora por uma bênção especial, que nossas vidas possam refletir o amor e proteção que você demonstrou e que nossas ações possam glorificar o Redentor pelo qual você cuidou com tanto amor. Sob o seu patrocínio, que nossos lares se tornem refúgios de paz, nosso trabalho um testemunho de integridade e nossos corações faróis inabaláveis de fé.

Conceda, rogamos, por sua intercessão, que, protegidos por seu exemplo e auxílio, possamos viver piedosamente e morrer em santidade, para um dia desfrutar da companhia eterna de Jesus, Maria e você no reino celestial.

São José, protetor da Santa Igreja, mantenha-nos seguros sob seu olhar vigilante hoje e sempre, ao concluirmos esta novena com corações esperançosos, fortalecidos em nossa devoção e confiança na providência de Deus, por Jesus Cristo nosso Senhor. Amém.

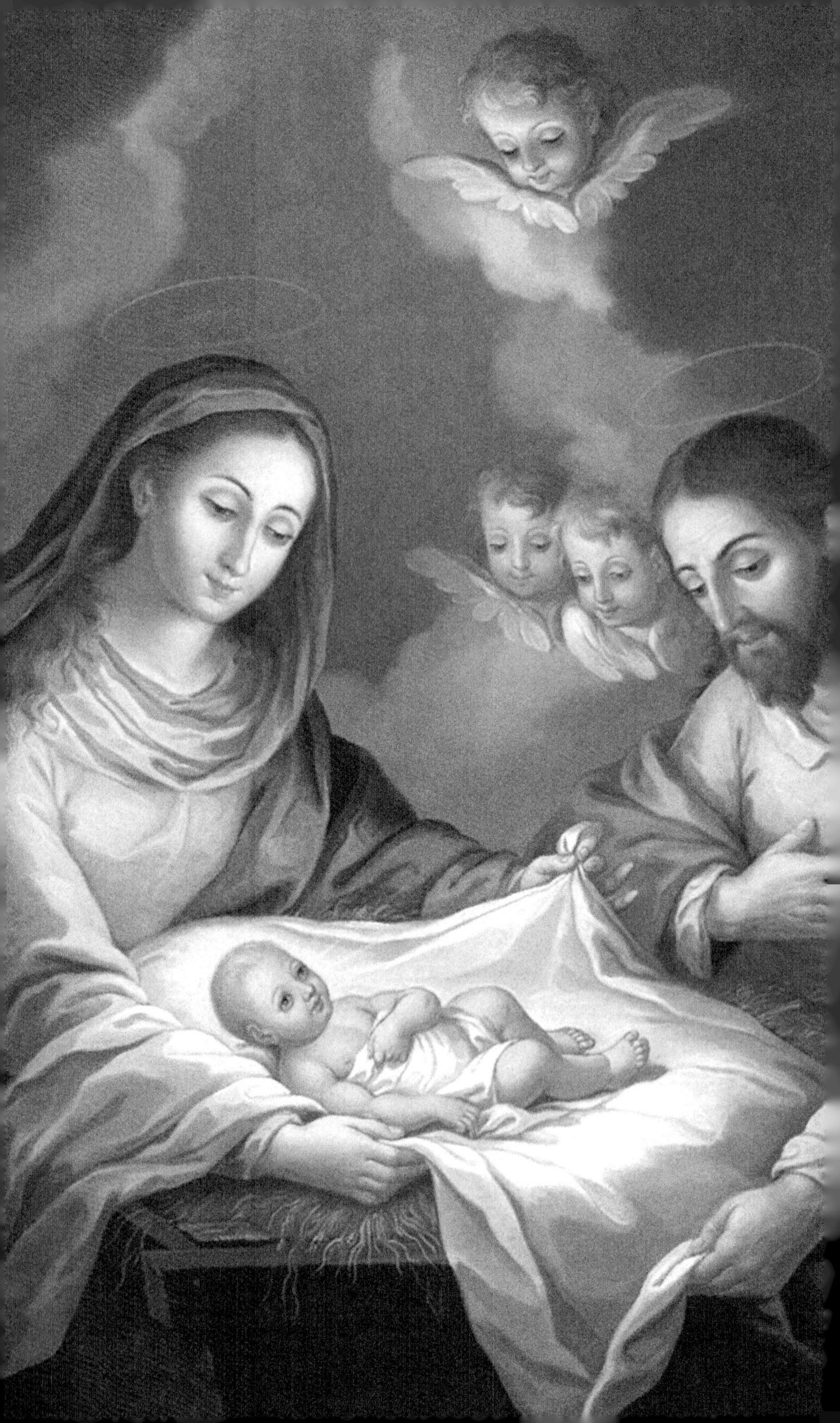

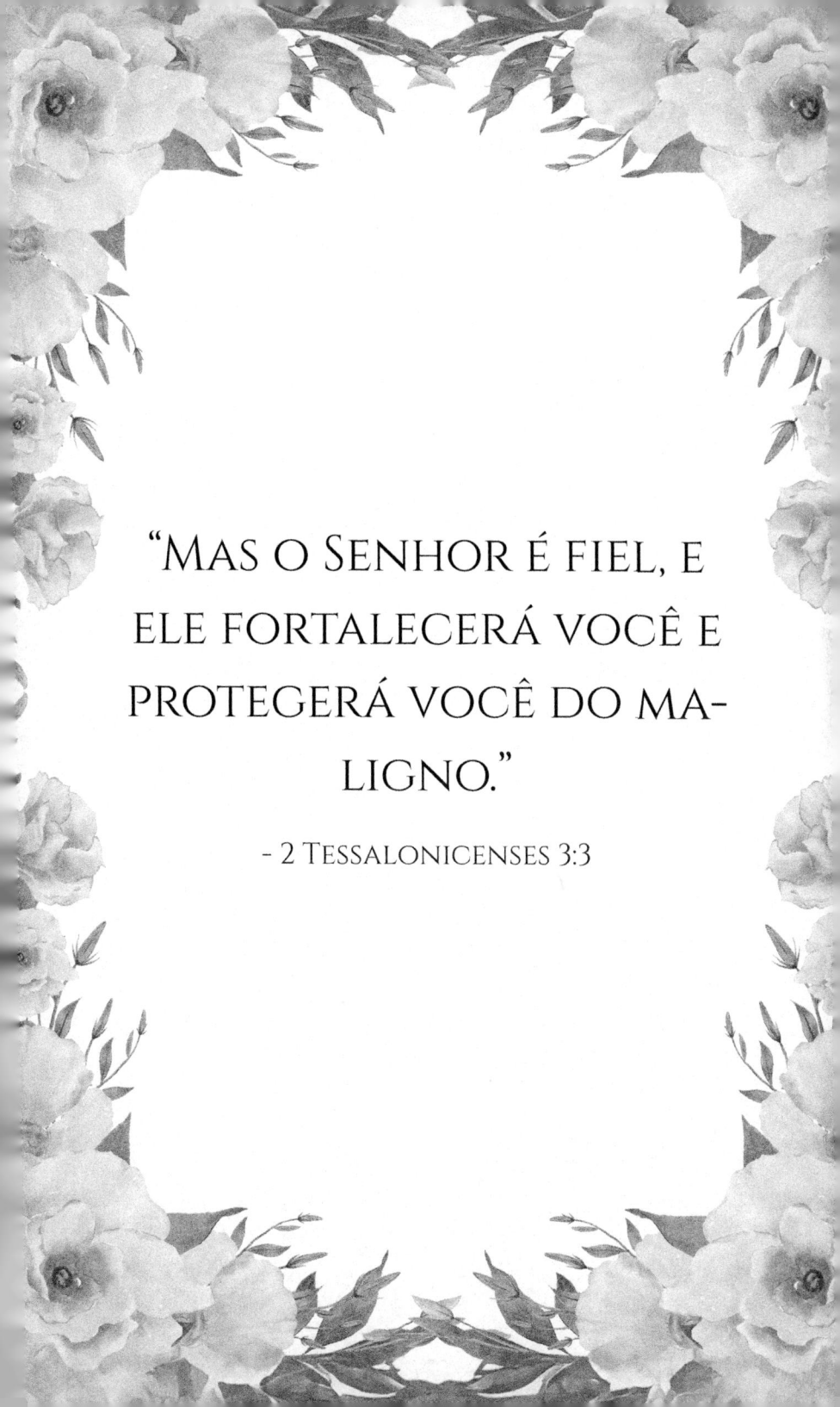

"Mas o Senhor é fiel, e ele fortalecerá você e protegerá você do maligno."

- 2 Tessalonicenses 3:3

Obrigado!

Valorizamos imensamente o seu feedback sobre este livro e convidamos você a compartilhar suas opiniões diretamente conosco. Como uma empresa de publicação independente em crescimento, buscamos continuamente melhorar a qualidade de nossas publicações.

Para sua conveniência, o código QR abaixo irá direcioná-lo ao nosso site. Lá, você pode deixar seu feedback diretamente para nós ou encontrar o link para a página de avaliações da Amazon para compartilhar sua experiência e oferecer sugestões de melhorias. Em nosso site, você também pode visualizar nossos livros relacionados e acessar materiais complementares gratuitos.

Livros Relacionados

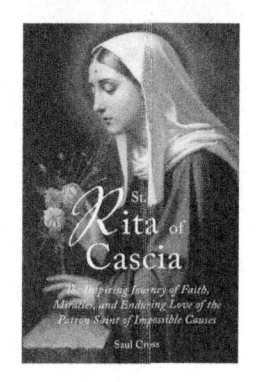

Printed in Great Britain
by Amazon